MARION LEUSCHNER

Erkenne die Zeichen

Wie wir ORIENTIERUNG finden,
ANTWORTEN bekommen,
UNS SELBST ENTDECKEN

Schirner Verlag

ISBN 978-3-8434-1331-2

Marion Leuschner:
Erkenne die Zeichen
Wie wir Orientierung finden,
Antworten bekommen,
uns selbst entdecken

Umschlag: Marie Springer &
Silja Bernspitz, Schirner,
unter Verwendung von #405225046 (© hispan),
#311948141(© Anton Watman), #173422517 (© Mila
Supinskaya Glashchenko), #92210320 (© mythja),
#87120133 (© wenani), #194182115 (© Milosz_G),
#388729228 (© Nikiparonak), www.shutterstock.com
Layout: Marie Springer, Schirner
Lektorat: Kerstin Noack & Natalie Köhler,
Schirner
Printed by: Ren Medien GmbH, Germany

www.schirner.com

1. Auflage Juni 2018

Inhalt

Vorwort

Einen freudigen Gruß an dich, liebe Leserin, lieber Leser, die bzw. der du dieses Buch in dein Leben gerufen hast. Es ist kein Zufall, dass du dieses Buch genau jetzt, in diesem Moment, in deinen Händen hältst. Genau wie ich vor ungefähr acht Jahren hast du jetzt einen Punkt in deinem Leben erreicht, von dem aus deine Lebensreise noch besser, noch großartiger, noch glücklicher weitergehen soll.

Mein Weg begann schon lange bevor ich die Zeichen selbst sehen konnte mit einer Eingebung. Es war ein Impuls aus einer, wie ich heute weiß, anderen Ebene. Ich war zu dieser Zeit gerade mitten in meinem Selbstfindungsprozess. Mit einem Seminar in Hamburg wollte ich zu einem richtigen »Powersprung« ansetzen. Ich beschloss, mir etwas richtig Gutes zu leisten und buchte ein VIP-Ticket, das ein abendliches Coachinggespräch mit dem Seminarleiter und ein 3-Gänge-Menü beinhaltete. Ich gönnte mir auch ein schickes Hotel. Damals wollte ich meinem Selbstwertgefühl von außen ein bisschen nachhelfen, denn innerlich sah es zu dieser Zeit noch ganz anders aus als heute. Das Seminar half mir, eine neue Sichtweise auf mein Leben zu bekommen. Zuvor hatte ich eine festgefahrene Meinung und lehnte neue Denkweisen sofort ab. Im Seminar lernte ich viel über die Funktion des Verstandes und öffnete mich für eine neue Art zu denken. Ich hielt es zum ersten Mal für möglich, dass mein Leben nicht durch Zufälle und äußere Einflüsse, sondern durch mein eigenes Denken und Fühlen bestimmt wurde. Wir bekommen immer nur so viel, wie wir verkraften können. Für mich war diese Erfahrung ein riesiger Schritt auf meinem Weg, der sich heute rückblickend wie ein Neuanfang anfühlt.

Am Ende des Seminars machten wir eine Meditation. Ich war von den vielen Informationen so überwältigt, dass mein Verstand aufgab. Ich wollte mich nur noch ausruhen, um alles zu verarbeiten. So nickte ich während der Meditation immer wieder ein. Während dieser Traumzeit hatte ich plötzlich die Eingebung, ein Buch zu schreiben. Diese Idee tauchte scheinbar ohne Zusammenhang einfach so aus dem Nichts auf und schmuggelte sich an meinem Verstand vorbei. Dass sie wichtig war, merkte ich daran, dass ich auf einmal wieder hellwach war. Ich schrieb die Idee auf. Von diesem Zeitpunkt an war der Samen gesät. Circa acht Jahre lang ploppte die Idee immer mal wieder auf, doch im Trubel des Lebens und meines eigenen Wachstumsprozesses vergaß ich sie immer wieder. Viele andere Puzzleteilchen mussten noch in das Bild meines Lebens eingefügt werden, ehe dieses Teilchen angelegt werden konnte.

Heute weiß ich, dass jeder einzelne Schritt wichtig war. Während einer Beziehung, die mich aus der Bahn warf, lernte ich, mich selbst zu lieben und meinem eigenen Weg zu folgen. Ich machte eine Coachingausbildung, besuchte viele Seminare, hörte mir unendlich viele interessante Vorträge an und las an die 400 Bücher hintereinanderweg. Ich wollte verstehen, warum ich an dem Punkt war, an dem ich stand. Ich war fest entschlossen, ein glücklicheres Leben zu führen, und ich stellte mir endlich die richtigen Fragen: Wie kann ich ändern, was mir nicht guttut? Wie kann ich endlich wieder die fröhliche Person werden, die ich als Kind war? Wie kann ich wieder an das Gute in den Menschen und an die Liebe glauben?

Ich hatte es satt, die Welt so schlecht zu sehen. Meine eigenen negativen Gedanken deprimierten mich so sehr, dass ich fast wahnsinnig wurde. Immer dachte ich sofort an das Schlechteste. Ich verurteilte mich selbst – und alle anderen sowieso. Zudem war ich oft krank. Schlimmer Husten plagte mich immer wieder, häufig hatte ich den Eindruck zu ersticken. Irgendwann fiel mir auf, dass ich immer dann hustete, wenn ich mit etwas nicht einverstanden war. Ich war nicht einverstanden mit dem, was ich dachte. Auch war ich oft nicht einverstanden mit dem, was mir die anderen sagten. Nach Jahren gelang es mir, endlich zu erkennen, dass die Welt immer nur meine inneren Überzeugungen widerspiegelte. Ich hatte es schon unzählige Male gelesen und gehört, doch endlich begann ich, es wirklich zu verstehen.

Eine wichtige Schlüsselrolle spielte für mich der Film »P.S. Ich liebe dich«. Dieser Film berührte mich innerlich und inspirierte mich so sehr, dass ich auch einen Film machen wollte, der die Menschen motivieren und ihnen Hoffnung und Freude schenken sollte. Nach diesem Entschluss nahm das Schicksal seinen Lauf. Ich fand einen Drehbuchkurs, der genau zu dieser Zeit und ausgerechnet in meiner Heimatstadt Köln angeboten wurde. Interessanterweise gibt es nur zwei deutsche Schulen, die diese Kurse anbieten, in Köln und in Berlin – Zufall? Ein paar Tage später kam ein Filmteam in das Café, in dem ich arbeitete. Ich war mir sicher, dass das kein Zufall sein konnte. In der Sendung, die gedreht wurde, ging es um die Liebe zwischen Paaren mit großem Altersunterschied. Das Pärchen – er war um die zwanzig und sie fünfzig – hatten gerade geheiratet. Sie liebten sich, das sah ich. Kurz zuvor hatte ich ein Buch gelesen, das von einer ähnlichen Liebesgeschichte handelte. Als das Filmteam im Café erschien, wunderte ich mich sehr und erkannte zum ersten Mal einen Zusammenhang zwischen meinen Gedanken und Gefühlen und den Dingen, die ich erlebe. Es erschien mir doch sehr merkwürdig, dass dieses Filmteam ausgerechnet dann auftauchte, als ich beschlossen hatte, einen Film zu machen. Und ich wunderte mich auch, dass es ausgerechnet um das Thema ging, worüber ich gerade erst ein Buch gelesen hatte. Was mich damals noch sehr erstaunte, macht für mich heute Sinn. Heute weiß ich, dass wir die Schöpfer unserer Wirklichkeit sind. Mit unseren Gefühlen erschaffen wir unsere Welt.

Von diesem Zeitpunkt an erlebte ich viele Wunder und sah Zeichen auf meinem weiteren Weg, die keine Zufälle sein konnten. Ich schloss mit mir selbst Frieden, indem ich lernte, mich selbst und das Universum zu lieben und mir zu vertrauen. Ich verstand, dass alles einer höheren Ordnung folgt und richtig ist. Alles hat seinen Platz im Universum und soll so sein, wie es ist. Dieser Lernprozess dauerte viele Jahre, und ich war oft an einem Punkt, an dem ich einfach keine Geduld mehr hatte. Ich wollte jetzt glücklich sein. Ich wollte jetzt die große Liebe leben. Ich wollte jetzt mit Freude und Leichtigkeit durchs Leben gehen. Jetzt sofort wollte ich meine Bestimmung erfüllen. Aber alles braucht seine Zeit, weil sich vieles erst sortieren muss, und viele andere Puzzleteilchen noch dazwischen gelegt werden müssen, bevor wir unser Ziel erreichen. Also suchte ich nach Zeichen dafür, dass die Erfüllung meiner Wünsche auf dem Weg zu mir war. Ich suchte und fand.

Immer, wenn ich besonders ungeduldig war und es nicht mehr abwarten konnte, trösteten mich die kleinen und großen Zeichen. Sie sagten mir, dass ich erhört wurde und alles in der Entstehung war. Die Zeichen zeigten mir den Weg. Sie führten mich zu einem Buch, das mich weiterbrachte. Sie empfahlen mir ein Seminar, das mir half. Beispielsweise führte mich mein Weg an einer Galerie vorbei. Ich verstand, dass ich wieder einmal malen sollte. Das war eines meiner vernachlässigten Talente, das mich in meiner Kindheit immer entspannt und mir große Freude bereitet hatte. Oder ich beobachtete Kinder beim Spielen, was mir bewusst machte, dass ich wieder staunen, mich treiben lassen und den Moment genießen sollte. In meinem Alltag geschahen auch Missgeschicke. Mir fiel beispielsweise eine Tasse oder ein Teller herunter. Zuerst machte ich mir keine Gedanken, bis mir auf einmal auffiel, dass so etwas immer dann geschah, wenn ich etwas tat oder dachte, was nicht förderlich für meine Ziele war. Mit wachsender Begeisterung ließ ich auch meine Mitmenschen daran teilhaben, denn auch ihnen fiel etwas herunter oder sie stießen sich den Finger. Auch bei ihnen geschahen diese kleineren Unfälle aus einem Grund. Sie wollten demjenigen, dem sie geschahen, etwas sagen. Oder jemand wurde krank. Das geschah meist auch, weil derjenige eine Auszeit brauchte und nicht wusste, wie er sie sich anders nehmen konnte.

Inzwischen rufen meine Freunde und Bekannten bei jedem Missgeschick fast wie im Chor: »Das ist ein Zeichen«. Die Menschen begannen, mich zu fragen, wie sie die Zeichen erkennen und verstehen können, doch die spezielle Bedeutung kennt jeder für sich selbst am besten. Auch du weißt genau, was deine Zeichen für dich bedeuten. Manchmal ist es nur ein Gefühl oder der erste Gedanke, der uns den entscheidenden Hinweis gibt.

Zufall oder *Zeichen?*

»Etwas fällt einem zu«, so sagt man. Für mich ist ein Zufall das, was aufgrund früherer Gedanken und Gefühle passiert. Alles, was du siehst, hast du in dein Leben hineingedacht und hineingefühlt. Es gibt Ereignisse, die dir gefallen. Diese nennst du glückliche »Zufälle«. Da fragst du dich nicht, warum sie da sind. Du freust dich und fühlst dich gut, denn tief in deinem Inneren weißt du: Du wurdest geboren, um glücklich zu sein. Wahrscheinlich siehst du diese »Zufälle« als selbstverständlich an. Du gehst davon aus, dass sie dir zustehen, dass du sie verdient hast. Das heißt, dass du Überzeugungen hast, die dir das bringen, was du möchtest.

Meistens kommst du erst ins Grübeln, wenn etwas nicht so läuft, wie du es dir wünschst. Du wunderst dich, wieso du schon wieder krank bist. Du ärgerst dich, dass deine Beziehung so anstrengend ist. Du kannst nicht verstehen, wie du schon wieder mit deinem Chef aneinandergeraten konntest. Du bist traurig, weil du dich wieder mit deinen Eltern gestritten hast, obwohl du sie doch liebst. »Wieso ist meine Freundin neidisch auf mich?«, fragst du dich. »Warum achtet und respektiert mich mein Kind nicht, obwohl ich alles für es tue? Wo bleibt die Anerkennung für die viele Arbeit, die ich leiste?« Spätestens dann, wenn sich etwas in deinem Leben wiederholt, fragst du dich: »Warum?«

Das alles sind Zeichen für deine innere Einstellung zu dir selbst und der Welt, die dich umgibt. Alles, was du siehst, was dir besonders ins Auge fällt, hat etwas mit dir zu tun. Ganz besonders dann, wenn es starke Emotionen in dir auslöst. Wenn Dinge geschehen, die auf den ersten Blick wie ein Unglück aussehen, fragst du dich: »Warum ich? Warum immer ich?«

Das Leben antwortet dir auf jede Frage. Deshalb ist es sehr wichtig, die richtigen Fragen zu stellen. Das gelingt dir leichter mithilfe der Zeichen. Es ist reine Übungssache.

Du stößt dich oder baust einen Unfall, verpasst die Bahn und kommst zu spät. Du wirst krank. Damit meine ich nicht nur die »leichten« Krankheiten, sondern auch die lebensbedrohlichen. Das alles sind Zeichen dafür, dass in deinem Leben etwas aus dem Gleichgewicht geraten ist. Dass du in deinem Inneren von etwas überzeugt bist, was dir nicht guttut.

Wenn du lernst, auf die Zeichen zu achten, dann weißt du immer, wo es langgeht und was zu tun ist.

Du bekommst immer Zeichen, in jedem Moment. Auch wenn niemand bei dir ist und du alleine bist, gibt es sie. In so einem Moment erkennst du sie daran, wie du dich fühlst. Dann können deine Gefühle das Zeichen sein, das dir den Weg weist. Das Leben schickt dir Antworten auf all deine Fragen. Deshalb ist es auch kein Zufall, dass du dieses Buch gefunden hast. Ein Teil von dir hat nach diesem Buch gefragt, hat es gesucht. Du hast bestimmt schon viele Botschaften bekommen. Deine Seele, Gott, das Universum, das Leben reden immer mit dir.

Dieses Buch soll dich für die Zeichen öffnen. Es soll dir helfen, die Botschaften zu erkennen, ihnen zu vertrauen und ihnen zu folgen. Es soll dir helfen, Antworten auf deine Fragen und deinen Weg zu finden.

Es gibt viele Wege, *Zeichen zu lesen*

Die Zeichen zu erkennen und ihnen zu folgen, erfordert als Allererstes deine Entscheidung, dein Okay. An manchen Tagen ist es schwerer, die Zeichen zu sehen – wenn du z. B. müde bist, dir zu viele Gedanken machst oder der Trubel des Alltags dich aus deiner inneren Ruhe bringt. Doch ich möchte dich ermutigen, gerade dann nicht aufzugeben. Um Zeichen zu sehen, braucht es etwas Training für die Achtsamkeit und etwas Übung, aber es macht auch Spaß.

ÜBUNG: Den Trubel des Alltags vergessen

Nimm dir eine kleine Auszeit – da reichen schon fünf Minuten. Schließe deine Augen, atme durch die Nase ein und durch den Mund wieder aus, und erspüre die einzelnen Bereiche deines Körpers – vom kleinen Zeh bis in die äußerste Haarspitze. Verweile so lange, bis du den jeweiligen Körperteil ganz bewusst fühlst. Du wirst feststellen, dass du gleich wieder mehr Energie und Lebensfreude hast. Diese Übung hilft dir, Ruhe in deinen Alltag zu bringen und empfänglicher für Zeichen zu werden.

Wenn du trotzdem einmal spürst, dass dir alles zu viel wird, denke daran: »Immer wenn du denkst, es geht nicht mehr, kommt irgendwo ein Lichtlein her.« (Volksweisheit)

Das »Lichtlein« kommt meistens in Form eines Zeichens, einer Botschaft. An vermeintlich schlechten Tagen kannst du bewusst nach Zeichen suchen. Du bist nicht alleine, denn das Universum unterstützt dich immer. Stelle dir eine Frage. Dann kannst du z. B. ein Buch aufschlagen. Auf der Seite, die du geöffnet hast, steht die Antwort. Auch der aktuelle Tagesspruch in deinem Kalender sagt dir, worum es heute geht. Es passt immer. Folge einfach deiner Intuition. Du kannst auch dein Horoskop lesen, deine Antwort wird darin sein. Auch wenn die Horoskope in Zeitschriften normalerweise sehr allgemein sind, wird es deine Frage beantworten, weil du den Impuls spürtest, hier nachzusehen. Lies Plakate, die dir auf deinem Weg begegnen, oder die Schlagzeilen in der Zeitung deines Sitznachbarn in der Bahn. Achte auf die Worte, die du hörst. Auch sie können deine Antwort sein.

Beispielgeschichte

Eines Tages wollte ich Erledigungen machen und parkte in einem Parkhaus in der Nähe mit dem Plan, nur eine Stunde dort zu stehen, weil ich danach woanders kostenfrei parken konnte. So ging ich los, um zu erledigen, was ich mir vorgenommen hatte. Vielleicht kennst du das, man kommt dann vom Hölzchen aufs Stöckchen, bummelt hier und schaut da. Dann war ich im Supermarkt, meiner letzten Station, angekommen. Zwar wusste ich genau, was ich wollte, aber natürlich wurde ich wie so oft von verschiedenen Angeboten abgelenkt und inspiriert, mehr zu kaufen, als ich brauchte. Plötzlich eilte ein Mann laut schimpfend an mir vorbei. Er stritt mit seiner Frau und meinte lautstark: »Ich habe keine Zeit. Ich muss noch das Auto abholen und den Keller aufräumen!« Er war wirklich sauer, weil die Frau so bummelte. Nur weil mir der Mann auffiel, kam ich auf den Gedanken, selbst einmal auf die Uhr zu schauen. Auch ich musste schnell zur Kasse gehen, wenn ich noch rechtzeitig aus dem Parkhaus kommen wollte, ohne für die nächste angebrochene Stunde zahlen zu müssen. Gedacht, getan. Und so gelang es mir, pünktlich aus dem Parkhaus zu fahren und weitere Kosten zu sparen.

Es wird immer Tage geben, da fällt es schwerer, Zeichen zu sehen, sowie Tage, an denen es leichter geht. Dann regnet es förmlich Zeichen. Jedes Zeichen führt dich letztlich zu dir selbst und ins Hier und Jetzt. Die Zeichen zu sehen ist ein spielerischer Weg heraus aus den ewig kreisenden Gedanken. Mache dir bewusst, dass du deine Gedanken kontrollieren kannst. Dein Verstand ist dein Freund. Nimm ihn an die Hand, und spiele mit ihm. Gib ihm die lustige Aufgabe, nach Zeichen zu suchen und sie zu finden. Er macht nur das, was er am besten kann: Denken. Deshalb bietet es sich an, ihm etwas zu denken zu geben, was euch beiden Freude bereitet und dich voranbringt. Dieser Weg darf Spaß machen und locker angegangen werden. Du kannst selbst wählen, ob du ihn gehen willst.

Was unser Seelenweg mit den Zeichen zu tun hat

Deine Seele hat sich schon entschieden, diesen Weg zu gehen, als sie dich zu diesem Buch lenkte. Sie hat Lust darauf, zu spielen, die Zeichen zu sehen und zu lernen, ihnen zu folgen. Es geht jedoch um dich als ganzes Wesen. Du bestehst nicht nur aus Körper und Verstand. Du bist auch die Energie, die dich durchströmt, die Idee, die da war, bevor du als Mensch auf die Erde kamst. Es gibt viele Namen für diese Energie: Gott, Seele, Universum. Dieser unsichtbare Teil in dir will sich hier in der materiellen Ebene erfahren. Du bist Teil dieser Welt, die sich immer weiter, schöner, größer und besser gestalten wird.

Du bist jetzt an dem Punkt angelangt, an dem es Zeit ist, deine Talente und Gaben zu nutzen. Du bist bereit, ab sofort dein wundervolles Leben zu leben und dir all deine Wünsche zu erfüllen. Die Zeichen helfen dir dabei. Der wichtigste Schritt, den du dafür machen musst, ist, dich bewusst zu entscheiden, dass du die Zeichen sehen möchtest. Das geht ganz leicht.

ÜBUNG

Stehe auf, lege beide Hände auf dein Herz, und sage laut zu dir selbst: »Ja, ich will. Ich bin jetzt bereit für mein neues, glückliches Leben. Ab sofort sehe ich die Zeichen und weiß, was sie mir sagen wollen. Ab jetzt folge ich meinen Zeichen.« Natürlich kannst du dir auch einen eigenen Satz ausdenken. Schreibe ihn auf ein Blatt Papier, und hänge es gut sichtbar an eine Stelle, an der du es sehr oft siehst, beispielsweise an den PC oder Spiegel.

Mit dieser Einstellung kannst du dann zuversichtlich weitergehen. Du wirst dich wundern, was sich alles verändert, welchen neuen

Menschen du begegnest, wie sich alte Bekannte durch dich verändern und welche Wunder jetzt geschehen. Du wirst aus dem Staunen nicht mehr herauskommen.

Bestimmt erinnerst du dich noch an deine Kindheit. Da war alles einfach und neu. Du hattest keine Vorurteile, und alles wurde so, wie es war, akzeptiert und bestaunt. Mit den Dingen, die dir gefielen, verbrachtest du automatisch mehr Zeit. Mit den Kindern und Erwachsenen, die zu dir passten, spieltest du automatisch mehr. Du hast immer einen Weg gefunden, in ihrer Nähe zu sein. Damals hast du noch auf deine innere Stimme gehört und bist deinem Herzen gefolgt. Ein schlechtes Gefühl war ein Zeichen, dem du ebenfalls »folgtest«, indem du ganz automatisch einen anderen Weg gingst. Ein Glitzern auf der Wiese führte dich zu dem Tautropfen, den du bestaunen wolltest. Er wiederum führte dich zu den vielen Dingen, die es dort noch zu bewundern gab. Du bist dem Fluss des Staunens immer ganz selbstverständlich gefolgt. Dein Entzücken über die »alltäglichen Wunder des Lebens« war immer präsent. Es war für dich ganz natürlich. Du warst von Natur aus glücklich.

Das Staunen ist das vergessene Geheimnis deiner Kindheit, das ganz sicher zur Erfüllung führt.

Es wird dich glücklich machen, endlich das zu machen, wofür du hier bist. Es wird dich erfreuen. Es wird dich nähren. Es wird dich begeistern. Du wirst endlich das Gefühl haben, dass es in deinem Leben vorangeht. Wo du vielleicht jahrelang einen Stillstand wahrgenommen hast, werden sich die Dinge jetzt lockern, und du wirst weiterkommen. Du wirst motiviert und lebendig sein. Also wähle, entscheide dich JETZT. Diese Wahl wird dir die Türen öffnen, denn sie hilft dir, deinen Verstand mit ins Boot zu holen.

Es ist wichtig, dass dein Verstand einverstanden ist, den neuen Weg zu gehen. Damit er das tut, braucht er kleine Beweise, Überraschungsmomente, die ihn davon überzeugen, dass die Zeichen dich noch gesünder und glücklicher machen. Denn das ist es, was er will. Er wird milde lächeln und dich »spielen« lassen. Auf diese Weise hast du den Zweifler auf Pause gedrückt. Das ist der Moment, in dem Wunder geschehen, in dem die Zeichen kommen, die »Aha-Momente«, die ein neues Denken möglich machen. Diese Überraschungsmomente öffnen eine Tür für neue Erfahrungen, neue Wege, ein neues Leben.

Zeichen erkennen heißt, leicht Entscheidungen zu treffen.

Eine Reise ins *Hier und jetzt*

Die Zeichen zu sehen, ist auch eine wundervolle Methode, ins Hier und Jetzt zu kommen. Im gegenwärtigen Moment vollkommen anzukommen, wird dich begeistern und beglücken. Die Zeichen zu sehen ist ein machtvolles Instrument, um achtsam durchs Leben zu gehen. In Wirklichkeit gibt es nur das Hier und Jetzt. Gestern ist vorbei, und morgen ist noch nicht da. Die Vergangenheit ist eine Illusion, genauso wie die Zukunft. Wir können das Leben nur im Jetzt erleben. Der einzige Moment, in dem etwas geschieht, ist jetzt. Nur in diesem Augenblick kannst du deine Welt wahrnehmen und gestalten. Nur jetzt kannst du sehen, wo du stehst. Deine Gegenwart entscheidet über deine Zukunft. Jetzt setzt du neue Impulse, die eine Wirkung haben werden. In diesem Moment erlebst du die Auswirkungen deiner früheren Gedanken, Taten und Gefühle. Und wie es um dein Jetzt steht, erkennst du, indem du achtsam wahrnimmst, was in deinem Leben passiert. Du unterscheidest mithilfe deiner Gefühle und Gedanken, was sich gut und was sich nicht gut anfühlt. Wenn du dies unterscheidest, kannst du öfter dem folgen, was sich gut anfühlt, und es wird sich vermehren. Im Hier und Jetzt präsent zu sein, ist das größte Geschenk, das du dir selbst machen kannst.

Hast du dir vorgenommen, ab jetzt dein eigenes Leben zu leben? Möchtest du deinen eigenen Weg gehen? Hörst du auf dein Herz? Folgst du deinem guten Gefühl? Hast du oft ein gutes Gefühl oder fühlst du dich die meiste Zeit eher überfordert, fremdgesteuert, ausgeliefert? Dieses Buch wird dir helfen, diese Fragen zu beantworten. Manchen Menschen fällt es leicht, ihren Gefühlen zu folgen, und andere Menschen müssen sich täglich daran erinnern.

Die Zeichen zu sehen, bedeutet, eine Brücke zu bauen von deinem jetzigen Leben in ein ganz fantastisches neues Leben, in dem all deine Träume wahr werden.

Dieses Buch bietet dir einen Weg heraus der Welt des Urteilens. Es trainiert dich darin, deinen Fokus auf das zu richten, was du in deiner Welt sehen willst, weg von dem, was dir nicht gefällt. Das heißt nicht, dass es verschwindet, wenn du es nicht mehr siehst. Es wird immer noch da sein, denn hell gibt es nicht ohne dunkel und warm gibt es nicht ohne kalt. Aber du kannst dich jetzt für das Leben entscheiden, das du (er-)leben willst. Genau genommen hast du das immer getan, mit deinen Gedanken, Gefühlen und Taten.

Leider denken wir oft an Dinge, die wir nicht wollen. So haben wir Gefühle, die wir nicht fühlen wollen, und daraus ergeben sich oft Handlungen, die wir so gar nicht beabsichtigt haben. Das geht automatisch und wird durch die Welt, in der wir leben, beeinflusst.

Dieses Buch hilft dir, positive Gedanken zu vermehren. Dadurch werden die negativen Gedanken an Kraft verlieren. Und so ziehst du mehr von dem an, was du willst. Endlich kannst du das Leben führen, das du dir erträumt hast. Alles, was du siehst, worauf deine Aufmerksamkeit fällt, spiegelt eine Seite von dir. Dinge, mit denen du nichts zu tun hast, siehst du nicht. Deshalb ist es so wichtig, worauf du deine Aufmerksamkeit richtest.

»Alles, was du bist, ist das Produkt dessen, was du gedacht hast.« (Buddha)

Zuerst möchte ich deinen Fokus auf das lenken, was jetzt in deinem Leben vorhanden ist. Schau dir dein Leben an. Es geht um den Punkt, an dem du jetzt stehst. Was siehst du? Was macht dein Leben aus? Wie ein Navi brauchen auch wir einen Ausgangspunkt, um dein Leben richtig glücklich zu gestalten.

Dein Leben ist, wie es ist, und stellt nur dar, was du bis jetzt gedacht und geglaubt hast. Dieses Buch wird dir helfen, deinen Ausgangspunkt zu bestimmen, dein Ziel zu finden und es fröhlich und leicht zu erreichen. Erst wenn dir bewusst ist, dass du dein Leben selbst »herbeigedacht« und »herbeigefühlt« hast, dass du es selbst lenkst, kannst du es verändern.

Äußere Zeichen

Erkenne die Zeichen um dich herum

Ein äußeres Zeichen kann alles sein, was dir in deinem Umfeld auffällt und was besonders deine Aufmerksamkeit auf sich zieht. Zeichen erwecken immer Emotionen in dir. Entweder du freust dich darüber oder du ärgerst dich. Alles, was unwichtig für dich ist, siehst du nicht. Dein Unterbewusstsein macht dich automatisch auf die Dinge aufmerksam, die für dich wichtig sind. Dafür musst du nichts weiter tun, als aufmerksam deine Umwelt zu beobachten. Als Kind hast du noch einfach dagesessen und gestaunt. Beobachten ist dein Naturtalent, das du nur wieder zu erwecken brauchst.

An deinem Umfeld und an den Dingen, die du siehst, kannst du ablesen, worüber du die meiste Zeit nachdenkst, wie du dich fühlst und was in dir vorgeht. Jeder Mensch hat einen anderen Fokus und sieht etwas anderes. Einer frischgebackenen Mama fallen andere Dinge ins Auge als einem vielbeschäftigten Manager. Und auch ein Lehrer hat wieder einen anderen Fokus.

An deinem Umfeld kannst du deinen Charakter ablesen und erfahren, wer du bist. Alles, was dich fasziniert, spiegelt dir deine Interessen und Talente. Du kannst an deinem Umfeld auch ablesen, wie du bis jetzt mit deinen Gedanken dein Leben gestaltet hast. Wenn dir nicht gefällt, was du siehst, und du dir etwas anderes wünschst, dann verschaffe dir andere Gedanken, beschäftige dich mit anderen Dingen, erschaffe dir ein neues Umfeld.

Dein Jetzt zeigt dir nur, wer du bis jetzt gewesen bist und was du bisher gedacht hast. Du kannst dein Leben jederzeit ändern, indem du deine Einstellung und deine Gedanken änderst. Frage dich, wo du jetzt stehst. Du findest die Antwort, indem du deine Umgebung und die Menschen um dich herum bewusst wahrnimmst.

Frage dich: In was für einer Wohnung bzw. für einem Haus wohnst du? Mit welchen Menschen verbringst du gerne Zeit und welche sind eher umständehalber in deinem Leben? Welche materiellen Dinge befinden sich in deinem Leben? Welche Gedanken durchströmen deinen Geist? Was für einen Beruf übst du aus? Wie verbringst du deine Zeit? Fühlst du dich meist wohl, glücklich und gesund, wohlhabend, geliebt, verliebt und entzückt? Dann findest du im Spiegel deines Lebens immer Zeichen, die das noch bestätigen. Dein ganzes Umfeld erzählt dir etwas über dich.

Erkennst du vielleicht viele Dinge und Geschehnisse, die noch nicht so optimal sind, wie du sie dir wünschst? Das macht nichts. Wichtig ist, dass du dir bewusst machst, was dir nicht gefällt.

Wir sind es gewohnt, übermäßig viel Zeit damit zu verbringen, alles zu bekämpfen, was wir nicht wollen. Das war bis jetzt auch gut so. Vielleicht wunderst du dich, wieso diese Dinge so viel Raum in deinem Leben einnehmen. Ich verrate dir ein Geheimnis: Wenn du kämpfst, wird sich nichts ändern. Im Gegenteil, das Negative wird sich noch vermehren, weil du deine Aufmerksamkeit darauf richtest. Durch den Fokus, den du setzt, meint das Universum, zu erkennen, was du magst, und es gibt dir mehr davon. Alles, was unangenehm für dich ist, ist nur dazu da, dass du dich neu entscheiden kannst. Deshalb ist es wichtig, dass du die Zeichen erkennst und dein Leben in eine neue Richtung lenkst. Wie geht das?

ÜBUNG

Akzeptiere, was ist. Schließe Frieden mit dem, was ist, indem du aufschreibst, wofür Erlebnisse, die dich unglücklich machen oder ärgern, bis jetzt gut waren. Sei glücklich in dem Wissen, dass du alles Glück der Welt verdient hast. Sieh in allem das Gute und Schöne, die Liebe und den Sinn dahinter. Nutze alles als eine Art Erkenntnisschritt. Sei dankbar.

Folge dem, was sich für dich gut anfühlt, in der Zeit, die du jetzt hast, und an dem Ort, an dem du jetzt bist. Du wirst sehen, dass sich immer öfter Gelegenheiten ergeben, die Dinge zu tun, die du liebst, wenn du deiner Intuition folgst. Du wirst automatisch mehr Zeit dafür haben.

Dein Zuhause als Zeichen

Dein Zuhause ist der Spiegel deiner Seele und sagt viel über dich aus. Schau dich einmal in deiner Wohnung oder deinem Haus um. Wie sieht es bei dir aus? Ist es eher übersichtlich, aufgeräumt und ordentlich oder herrschen Chaos und Durcheinander? Sind die Räume vollgepackt mit Staubfängern, die du nicht brauchst, oder bist du eher zweckmäßig eingerichtet?

Dein Zuhause sagt nicht nur etwas über dich aus, sondern wirkt immer auch auf dich ein – wie innen, so außen – und umgekehrt. Ist alles in Ordnung und intakt? Oder besitzt du viele defekte Dinge? Wenn ja, dann repariere sie. Dies wird sich auch auf dein Leben auswirken. Du wirst direkt merken, dass du dich anders, besser fühlst. Wenn dein Zuhause unaufgeräumt und chaotisch ist, bist du vielleicht auch innerlich durcheinander. Indem du in deiner Umgebung Ordnung schaffst, kannst du zugleich deinen Geist und dein Leben ordnen. Gibt es Dinge, die du nie benutzt? Solche Gegenstände binden einen Teil deiner Energie. Das heißt, dass dir nicht deine volle Energie zur Verfügung steht. Du merkst das daran, dass du dich vielleicht schlapp und überfordert fühlst. Verschenke die Sachen, die du nicht brauchst. Gib sie jemandem, der sie mag, oder wirf sie weg. Du wirst auch hier direkt eine Erleichterung fühlen.

Es tut dir gut, aufzuräumen und Ordnung zu schaffen, und du wirst bemerken, dass du plötzlich wieder weißt, was für dich wichtig ist. Eine ungeahnte, kraftvolle Klarheit wird sich einstellen. Und die macht es dir wiederum leichter, Zeichen zu entdecken.

EINGANG

Wie sieht deine Haus- bzw. Wohnungstür aus? Ist sie groß oder klein, einladend oder eher wie ein Tor zu einer Festung? Es ist wichtig, wie deine Mitmenschen und auch deine Zeichen zu dir gelangen. Gestalte den Eingang frei und freundlich.

Funktioniert die Klingel? Welchen Ton hat sie? Hört sie sich melodisch und hell an? Oder braucht es ein lautes »Hallo, einer zu Hause?« Auch beim Wecker kannst du dich fragen, welchen Ton es braucht, damit du ihn hörst. Diese Töne in deinem Leben sagen viel darüber aus, welchen Ton du dir selbst gegenüber hast. Behandelst du dich selbst freundlich, liebevoll und lobend oder schimpfst du mit dir und tadelst dich innerlich? Bringe sanfte Töne in dein Umfeld, und erinnere dich daran: Du bist das Beste, was dir je passiert ist, und du bist wundervoll, toll und liebenswert, ein Geschenk für die Welt. Ist dein Name an der Tür gut zu lesen? Falls nicht, mache ihn lesbar. Zeige dich, denn du bist schön und toll.

Wie sieht dein Flur aus? Ist er freundlich gestaltet? Ist er hell oder dunkel? Gibt es Blumen? Stehen jede Menge Schuhe und andere Sachen im Eingang herum, die man erst überwinden muss, um in deine Wohnung zu gelangen? Mache dir bewusst, wie die Menschen, die dich besuchen, empfangen werden, denn das sagt viel darüber aus, wie Ideen und Einsichten zu dir gelangen. Haben sie es schwer, zu dir durchzukommen? Wie willkommen fühlst du dich selbst? Schaffe Platz, damit du, deine Mitmenschen und deine Zeichen sich willkommen fühlen.

BADEZIMMER

Dein Badezimmer spiegelt dein Verhältnis zur Reinheit. Damit ist auch die Reinheit des Geistes gemeint – das gute Gewissen. Wir sagen auch Gedankenhygiene, sie betrifft ebenso die Hygiene in deinem Leben. Im Badezimmer kannst du dich von den Energien des Tages reinigen und dich schick machen. Frage dich deshalb einmal: Hältst du dich gern im Badezimmer auf und genießt du es, zu duschen und dich zurechtzumachen, oder nimmst du dir nur Zeit für das Nötigste und bist in Gedanken immer schon woanders? Hast du eine Dusche oder eine Badewanne? Wie groß ist dein Spiegel, und siehst du dich gerne darin an? Ist dein Badezimmer schön hell und freundlich? Diese Dinge in deinem Bad geben Aufschluss darüber, in welchem Licht du dich selbst siehst. Hast du einen klaren Blick auf dich selbst und auf die Welt? Und wie siehst du die Menschen um dich herum?

Aber auch die Größe deines Badezimmers und wie viel Raum du dir, der Reinheit, der Schönheit und der Wellness gibst, ist aufschlussreich. Ist dein Badezimmer ein Ort, an dem du dich wohlfühlst? Dann fühlst du dich wahrscheinlich auch mit dir selbst und mit all deinen Gedanken und Gefühlen im Einklang und denkst vorrangig gut über die Welt, über andere Menschen und vor allem über dich selbst. Es sagt aber auch etwas darüber, wie gut und gerne du dich von Menschen, Dingen und Erfahrungen befreien kannst, die dir nicht guttun und die deine Energien verunreinigen. Wie gut kannst du negative Gedanken und Gefühle gehen lassen? Wie bereit bist du für ein neues, reines und gutes Leben mit guten, freudigen Erfahrungen?

WOHNZIMMER

Das Wohnzimmer ist ein Wohlfühlbereich und der Raum, in dem es um Entspannung und Kommunikation geht. Du wohnst in diesem Raum, und er zeigt dir zugleich, wie du in dir wohnst. Ist dein Wohnzimmer ein »Wohnraum«, oder gleicht es eher einem »Ausstellungsraum«? D.h., machst du es dir dort gemütlich und lässt dich gehen oder bist du auch zu Hause immer wie aus dem Ei gepellt? Kannst du hier abschalten? Hast du Pflanzen? Gedeihen sie gut? Hast du Regale mit Büchern im Wohnzimmer? Denkst du, dass du noch viel lernen musst, ehe du dich entspannen kannst? Welcher Gegenstand fängt besonders deinen Blick? In allem kannst du dich erkennen. Steht der Wäscheständer in deinem Wohnzimmer? Stehen Kisten und Kartons herum? Du wirst merken: Je glücklicher entspannter und friedlicher du in dir ruhst, desto mehr wirst du von ganz alleine Ordnung um dich herum schaffen. Von außen nach innen Ordnung zu schaffen, ist dabei genauso möglich, wie von innen nach außen.

SCHLAFZIMMER

Im Schlafzimmer kannst du zur Ruhe kommen, dich erholen, schlafen und neue Energie schöpfen. Es ist ein Ort des Ankommens. Wie steht es um die Ruhe in deinem Leben? Kannst du im Alltag gut zur Ruhe kommen? Gehst du gerne ins Bett? Liegst du auch gerne im Bett, wenn du nicht schläfst? Oder war es in der Kindheit eine Strafe für dich, ins Bett gehen zu müssen? Dann wirst du das Schlafzimmer vielleicht nur zum Schlafen nutzen. Hast du ein großes Bett? Ist es romantisch? Hieran erkennst du, wie du zu Zweisamkeit, körperlicher Liebe und überhaupt zu einer erfüllenden Liebesbeziehung stehst. Sich dessen bewusst zu werden, ist immer der erste Schritt, denn oft sind es gar nicht unsere eigenen Überzeugungen oder unser eigener Geschmack, der sich in unserer Einrichtung zeigt, sondern der unserer Eltern, unserer ersten Bezugspersonen. Finde heraus, was dein eigener Wunsch ist, und gestalte dein Schlafzimmer nach deinen eigenen Träumen und Wünschen.

KINDERZIMMER

Das Kinderzimmer ist Ausdruck deiner Kinder und spiegelt gleichzeitig deine Einstellung zu deinem Inneren Kind. Wie groß ist das Kinderzimmer? Darf das Kind sich ausleben oder mischst du dich viel ein? Hat das Kind Platz zum Spielen und um sich zu entfalten? Darf es das Zimmer selbst gestalten und bei der Einrichtung mitbestimmen? Du kannst am Kinderzimmer erkennen, was dein

Kind beschäftigt, wie es ihm geht und wer es ist. Wenn das Kinderzimmer sehr unaufgeräumt ist, kannst du dich fragen, ob dein Kind innerlich auch durcheinander ist. Darf das Kind seine Kreativität ausleben? Breitet es sich in der ganzen Wohnung aus? Wenn das der Fall ist, könnte es sein, dass das Kinderzimmer zu klein ist. Wie viel Raum hat deine eigene kindliche Seite in deinem Zuhause? Wenn du lernst, diese Zeichen zu erkennen, kannst du besser auf dein Kind und natürlich auch auf dein Inneres Kind eingehen.

KÜCHE

Die Küche ist meist das Zentrum, das Herz der Wohnung. Sie ist der Raum, in dem nicht nur für das leibliche, sondern oft auch für das seelische Wohl gesorgt wird. Sie ist ein Ort der Kommunikation, der Wärme und des Wohlbefindens. Ist deine Küche mit allem ausgestattet, was du benötigst, um für dein Wohl und das deiner Mitmenschen zu sorgen? Kochst du gerne? Oder bereitest du Essen lieber schnell in der Mikrowelle zu? Kannst du genießen oder spielt der Genuss eher eine untergeordnete Rolle? Ist die Küche offen oder geschlossen? Bist du offen oder eher verschlossen im Umgang mit anderen?

ARBEITSZIMMER

Dein Arbeitszimmer zeigt dir, wie du Projekte angehst. Arbeitest du chaotisch oder gehst du strategisch vor? Du kannst das an der Ordnung in deinem Arbeitszimmer ablesen. Ist es groß oder klein? Wie viel Platz nimmt die Arbeit in dem Raum und in deinem Leben ein? Fühlst du dich wohl und hältst dich gerne darin auf? Hast du eine Arbeit, die dich erfüllt, die dir Spaß macht? Hast du das Gefühl, dass du für diese Arbeit auf diese Erde gekommen bist? Fällt sie dir leicht? Wenn nicht, überlege dir, was du gerne machst und was du gut kannst. Denke unter Umständen über neue Berufswege nach. Frage dich, wie du deine Talente auch im Beruf besser nutzen und ob du daraus möglicherweise sogar deinen Hauptberuf machen kannst. Sobald du deine Talente nutzt, wird dir die Arbeit automatisch leichter fallen und mehr Spaß machen.

HAUSHALTSGERÄTE UND ALLTAGSGEGENSTÄNDE

Auch deine Haushaltsgeräte können Botschaften für dich bereithalten. Meist nutzen wir sie, ohne uns Gedanken darüber zu machen. Erst wenn sie ausfallen, wird uns bewusst, welche Erleichterung sie uns im Haushalt und Alltag verschaffen. Um die Bedeutung eines defekten Gerätes zu entschlüsseln, überlege dir, welchen Zweck das Gerät erfüllt. Daraus leitet sich deine Botschaft ab. Eine ausgefallene Heizung kann dir beispielsweise aufzeigen, dass es dir selbst und anderen gegenüber an Wärme fehlt. Lasse sie reparieren, und versprühe wieder mehr Herzlichkeit in deinem Leben.

BEISPIEL: Die Waschmaschine

Mit der Waschmaschine waschen wir unsere Wäsche. Vielleicht kennst du die alte Redewendung »schmutzige Wäsche waschen«. Damit ist gemeint, dass wir über andere Menschen oder auch über uns selbst schlecht reden. Die Waschmaschine kann ein Zeichen sein, das die Art und Weise, wie wir reden, widerspiegelt.

Nehmen wir an, das Flusensieb der Waschmaschine ist verstopft. Um deine Kleidung weiterhin waschen zu können, musst du das Sieb leeren. Das volle Sieb kann ein Zeichen dafür sein, dass du schlechte Worte benutzt hast, von denen du dich reinigen musst. Mache dir bewusst, ob du vielleicht etwas gesagt hast, was nicht so gut war. Dann verzeihe dir. Verstehe, dass vielleicht genau das, was der andere in deinen Augen nicht richtig gemacht hat, für ihn genau das Richtige ist. Frage dich, warum du dich darüber aufregst. Manchmal machen wir genau das, was wir bei jemand anderem kritisieren. Das Sieb filtert Schmutz und Flusen aus dem Wasser und verhindert, dass sie in den Schläuchen der Waschmaschine zu Verstopfungen führen. Wenn du schlecht über etwas redest, könnte das zu Blockaden in deinem Körper führen. Du könntest in diesem Fall beschließen, nur noch gut über dich und andere zu reden. Wenn du dich entscheidest, andere und dich selbst öfter zu loben, dann hast du mehr Positives, worüber du reden kannst.

Durch jedes Zeichen, das du siehst, will das Universum etwas Neues, Gutes in dein Leben zaubern.

Neben Haushaltsgeräten können auch Alltagsgegenstände wie das Handy oder der Computer Zeichen für dich sein. Du brauchst dich jetzt nicht bei jedem heruntergefallenen Löffel fragen, was er bedeutet, es sei denn dir ist danach. Ein fallender Gegenstand ist im einfachsten Fall ein Zeichen dafür, dass du in Gedanken versunken warst und deine Aufmerksamkeit nun wieder auf das Hier und Jetzt richten darfst.

Jedes Gerät und jeder Gegenstand der dir besonders auffällt, egal, ob er defekt oder intakt ist, kann ein Zeichen darstellen. Manchmal ist ein Gerät nicht defekt, und du kommst trotzdem nicht dazu, es zu nutzen, da du vielleicht immer wieder von etwas anderem abgelenkt wirst. Dann könnte es sein, dass im Moment nicht der richtige Zeitpunkt für dein Vorhaben ist.

Beispielgeschichte

Eine Nachbarin klingelte letztens bei mir, weil sie die Tiefgarage nicht aufschließen konnte. Die Batterie ihres Schlüssels war leer. Das war eine sanfte Aufforderung des Lebens an sie, ihre eigenen Batterien wieder aufzuladen. Das könnte ganz praktisch so aussehen, dass sie sich Zeit für etwas nehmen darf, das ihr wieder Energie gibt. Jeder hat seine eigene Art »aufzutanken«. Man kann etwas Leckeres essen, schlafen, sich ausruhen, in die Natur gehen und einen Spaziergang machen oder etwas lesen.

BEISPIEL: Das Handy

Dein Handy ist ein guter Kompass für deine Kommunikation und Energie. Wenn der Akku deines Handys schwach ist, solltest du auch deine eigenen Energiereserven aufladen. Ist er ganz leer, nimm dir eine Auszeit. Ist der Speicher voll, leere ihn, und ordne damit gleichzeitig auch deine Gedanken. Zu viele Bilder, zu viele Videos, zu viele äußere Einflüsse: Das alles sagt viel über deine Kommunikation mit deinem Umfeld aus. Hängt sich dein Handy auf, und du kannst keine Nachricht schreiben oder jemanden anrufen, dann sollst du es im Moment nicht. Vielleicht ist auch der Mensch, mit dem der Austausch gerade nicht funktioniert, nicht auf derselben Wellenlänge wie du.

WEITERE BEISPIELE

Kühlschrank: Temperaturschwankungen können unsere Gefühle widerspiegeln. Reagierst du vielleicht zu kühl oder zu hitzig?

Herd: Die Art, wie du Essen zubereitest, kann etwas darüber aussagen, wie du Nahrung für deinen Körper und Geist aufbereitest.

Lampen: Licht und Dunkelheit zeigen dir, wie klar du etwas siehst.

Wasserleitungen: Wasser sagt immer etwas über Gefühle aus. Eine Überschwemmung ist ein Zeichen dafür, dass sehr viele Gefühle fließen. Bei einer Verstopfung kannst du dich fragen, wo die Gefühle gerade nicht fließen.

Geschirrspüler: Die Spülmaschine funktioniert wie die Waschmaschine und ist ein Zeichen für deine Wortwahl.

Staubsauger: Der Staubsauger ist ein Zeichen dafür, wie gut du die Vergangenheit loslassen kannst. Ist der Staubsauger defekt, kann dies ein Zeichen dafür sein, dass loszulassen dir gerade schwerfällt.

Dein Auto spiegelt immer deinen Körper wider. Er ist sinnbildlich das »Fahrzeug«, mit dem du dich durch dein Leben bewegst. Also kannst du schauen, an welcher Stelle dein Auto etwas über deinen Körper aussagt. Auch hier erfasst du erst einmal genau, in welchem Zustand sich dein Auto befindet. Dann überlegst du dir, was die jeweilige Aufgabe des Teiles ist und was diese mit dir und deinem Leben zu tun hat.

Auch das Innere deines Autos kann dir etwas über dich sagen. Wie es in deinem Auto aussieht, so sieht es in dir aus. Ist es eher aufgeräumt und übersichtlich? Oder gibt es viel Müll? Dann hat sich vielleicht vieles in dir angesammelt, was du loslassen solltest. Ein chaotisches Inneres kann auch ein Zeichen dafür sein, dich gesünder zu ernähren oder dich mehr zu bewegen. Führe auch deinem Geist wieder bessere Nahrung zu, indem du schönere Filme schaust oder anspruchsvollere Artikel in der Zeitung liest. Auch für deine Seele ist eine gute Nahrung wichtig. Singe, meditiere, male oder mache etwas anderes Schönes, was dir und deiner Seele guttut.

BEISPIELE

Karosserie und Lack: Die Karosserie ist das Gerüst des Autos, und der Lack macht das Äußere eines Fahrzeugs aus. Hat der Lack einen Kratzer, kann das ein Zeichen dafür sein, dass dein Erscheinungsbild leicht angekratzt ist. Hast du vielleicht das Gesicht vor dir selbst oder vor deinen Mitmenschen verloren? Hat das Auto jedoch einen Totalschaden, dann ist wohl deine komplette Fassade zusammengebrochen. Vielleicht hast du die ganze Zeit eine Maske getragen. Es ist Zeit, dich zu zeigen, wie du wirklich bist.

Wo kannst du dein Äußeres mal wieder mehr aufpolieren? Das ist für dein eigenes Wohlbefinden wichtig. Wie behandelst du dich selbst? Wie wirst du von anderen behandelt? Glänzt du, strahlt dein Licht, oder bist du eher die graue Maus, die nicht auffallen will, und die ihre Schönheit verbirgt?

Reifen: Wie bewegst du dich durchs Leben? Wenn die Reifen deines Autos wenig Luft haben, solltest du dich vielleicht einmal wieder auf deine volle Größe »aufpusten«. Hast du einen platten Reifen, dann frage dich, ob du selbst energetisch »platt« bist. Ist das Profil der Reifen abgefahren? Vielleicht haben die Wege, die du bis jetzt gegangen bist, ausgedient. Falls das auf dich zutrifft, darfst du neue Wege gehen.

Scheinwerfer: Ist die Straße vor dir zu wenig ausgeleuchtet, weil ein Scheinwerfer defekt ist? Dann frage dich, ob es vielleicht auch in deinem Leben zu dunkel ist, um den Weg zu erkennen?

Motor: Er ist das Herz des Autos und ein Zeichen für dein Herz. Wenn der Motor nicht funktioniert, ist das zumeist ein Zeichen dafür, dass du antriebslos bist und es dir an Liebe fehlt.

Scheiben: Wie gut siehst du nach draußen? Hast du eine klare Sicht auf dein Umfeld und deinen Weg? Wie gut können andere in dich hineinschauen?

Spiegel: Unser Umfeld funktioniert wie ein Spiegel: Es zeigt uns, wie wir uns fühlen, indem uns beispielsweise besonders viele glückliche Menschen begegnen, wenn wir selbst glücklich sind. Jeder Spiegel, der uns auffällt, ist ein Zeichen für uns, genauer hinzusehen. Du kannst dich fragen, wo du dich gerade selbst nicht siehst. Wo brauchst du einen Spiegel, um zu erkennen, was gerade mit dir los ist? Wo suchst du die Schuld vielleicht bei anderen?

Fahrweise: Wie du dein Auto auf den Straßen lenkst, so bewegst du dich auch durchs Leben. Bist du ein vorsichtiger oder ein rasanter Fahrer? Oder fährst du vielleicht gar nicht gerne und lässt dich lieber fahren? Wenn du z. B. auf der Autobahn ausgebremst wirst, bremst du dich vielleicht im Leben selbst aus oder lässt dich von anderen ausbremsen. Vielleicht verhältst du dich auch rücksichtslos anderen oder dir selbst gegenüber.

BEISPIEL

Nehmen wir an, dein Auto hat kein Öl. Dann kannst du dich fragen: »Wo brauche ich eine Ölung, eine Streicheleinheit, ein Lob?« Gib dir zuerst selbst, was du brauchst. Lobe dich, verwöhne dich, erkenne dich selbst als wundervoll an. Wie durch ein Wunder wirst du dann auch wieder Anerkennung aus deinem Umfeld erhalten.

Finanzielles und Reichtum

An deinem Kontostand kannst du ablesen, worauf dein Denken ausgerichtet ist. Bist du im Plus, dann bist du auf Fülle fokussiert. Bist du im Minus, fehlt dir wahrscheinlich auch etwas in deinem Leben. Wenn du herausfindest, was es ist, und es änderst, dann wird sich auch dein Kontostand ändern.

Unser Verhältnis zu Geld wird schon früh von unseren Eltern, Lehrern und dem sozialen Umfeld geprägt, in dem wir aufwachsen. Es kommt darauf an, was du für dich daraus gemacht hast. Auch wenn du vermieden hast, wie deine Eltern zu leben, könnte es trotzdem sein, dass du genau das Gegenteil erreicht hast. Meist erleben wir die gleichen Herausforderungen wie unsere Eltern, bis wir dies erkennen und uns neu entscheiden.

Wenn du im Minus bist und nicht weißt, wie du deine Rechnungen zahlen sollst, läuft ein mentales »Mangelprogramm« in deinem Kopf ab. Im Minus zu sein bedeutet Schulden zu haben. Das Wort »Schulden« stammt von Schuld. Du könntest dich fragen, wo du dich schuldig fühlst. Ich kann dir versichern, dass niemand schuldig ist. Alles ist einfach eine Verkettung von Ursache und Wirkung. Wenn du negativ denkst, wirst du Negatives erleben. Wenn du positiv denkst, wirst du Positives erleben. Die gute Nachricht ist, dass du dein Denken jederzeit ändern kannst, um noch mehr positive Erlebnisse in dein Leben zu ziehen. Wir sind nur verantwortlich für unser eigenes Leben – nicht für das der anderen. Wenn du das verstehst, kannst du einfach alles in deinem Leben verändern.

ÜBUNG

Notiere die folgenden Fragen, und beantworte sie schriftlich:

- Warum habe ich es verdient, reich zu sein?
- Welche wundervollen Eigenschaften besitze ich?
- Was kann ich besonders gut?
- Wo bereichere ich das Leben anderer Menschen?
- Warum bin ich jetzt schon reich?
- Was habe ich alles, was mein Leben reich macht? (Das könnten Menschen, Geräte, Strom, Wasser, die Natur oder Gesundheit sein, um nur einige Beispiele zu nennen.)
- Was stand mir bis jetzt zur Verfügung, ohne dass ich dafür zahlen musste? (Hier kannst du aufschreiben, was deine Eltern für dich bezahlt haben oder was du von anderen Menschen geschenkt bekommen hast.)

Wenn du diese Fragen für dich beantwortet hast, wirst du dich schon viel reicher fühlen, denn all dies bedeutet Reichtum. Wir sind Wesen der Natur und können auf die Fülle des Lebens vertrauen. Wenn du dir das vor Augen führst, verstehst du auch, dass in der Natur immer für alles gesorgt ist. Ein Vogel fragt sich nicht, wie er an Futter kommen kann. Er pickt einfach die Körner, die er findet, und die Würmer, die er zum Überleben braucht. Nur wir Menschen meinen, für unser Überleben kämpfen zu müssen. Mache dir bewusst, dass immer mehr als genug von allem da sein wird. Dann kannst du einfach deiner Freude und deinem Weg folgen, und es wird immer für dich gesorgt sein.

Auch das Wachsen ist ein natürlicher Vorgang in der Natur. Ein Baum holt sich beispielsweise immer genug Wasser aus der Erde und fängt mit seinen Blättern genug Sonnenstrahlen ein. So kann er wachsen und immer größer werden. Genauso ist es auch bei uns Menschen. Jeder Mensch braucht etwas anderes, um sich wohlzufühlen, um zu blühen und zu wachsen. Für den einen ist es vielleicht das Theater, Bücher oder die Möglichkeit, sich zu bilden. Ein anderer braucht neue Kleider, um glücklich zu sein, und ein Dritter erfreut sich an Autos und Reisen oder häuft Immobilien an und erfreut sich daran.

An deiner Begeisterung erkennst du, was du persönlich brauchst. Du wirst feststellen, dass dafür immer genug Geld da ist und auch immer da war. Das war oder ist nur nicht so, wenn du denkst, dass du es nicht verdient hast. Wenn du es aber schaffst, deinen Verstand davon zu überzeugen, dass du es verdient hast, dann wird das Geld dafür auch da sein. Deine neue Überzeugung zeigt sich in deinem Umfeld, und du wirst feststellen, dass das Geld aus allen möglichen Quellen zu dir gelangen kann. Wenn du glücklich sein willst, dann konzentriere dich auf all die Reichtümer in deinem Leben wie Freunde und Familie, genug zu Essen, eine Wohnung und Zugang zu Strom und Wasser. Vielleicht besitzt du auch ein Auto, einen Computer oder ein Fahrrad. Mache dir bewusst, dass schon für dich gesorgt war, als du noch ein Kind warst. Obwohl du nicht arbeiten gingst, hattest du immer Kleidung, genug zu essen und ein Dach über dem Kopf. Du hast die Schule besucht. Möglicherweise seid ihr in den Urlaub gefahren. Du wirst sehen, dass es dir gut geht. Erinnere dich täglich daran. Sei dankbar, fühle die Dankbarkeit tief in dir. Es ist alles eine Frage des Fokus. Konzentrierst du dich auf den Reichtum in deinem Leben? Oder auf das Gegenteil? Du siehst es an deinem Kontostand.

Menschen als Zeichen

FAMILIE

Manche Zeichen sind nicht so offensichtlich, sie verstecken sich im alltäglichen Leben. Wenn dir etwas in deinem Leben nicht gefällt, könntest du die Lösung, das Zeichen, z. B. in deiner Familie finden. Deine Eltern sind deine ersten Bezugspersonen. Sie zeigen dir, wie das Leben funktioniert. Von ihnen lernst du zunächst alles, was für dein Leben wichtig ist. Du lernst, mit dem Leben so umzugehen, wie sie es tun. Deshalb findest du dich später vielleicht in einem Leben wieder, das nicht richtig zu dir passt. Vielleicht übst du den gleichen Beruf aus, hast die gleichen Angewohnheiten oder die gleichen Ansichten wie sie. Das heißt aber nicht, dass diese Dinge für dich richtig sind.

Wenn du dich also in einem Leben wiederfindest, das dir nicht gefällt, schau, was du in deiner Familie erlebt hast, was du gelernt hast. Deine Familie ist das Zeichen für den Punkt, an dem du stehst, für das Leben, in dem du dich befindest. Du kannst es immer verändern. Du bist eine eigenständige Person mit individuellen Zielen, Interessen und Charaktereigenschaften.

BEISPIEL

In meiner Familie gab es nie Streit vor den Kindern. Ich habe nie bemerkt, dass meine Eltern sich uneinig waren. Sie haben Streitigkeiten nie offen ausdiskutiert, sondern diese heimlich ausgetragen. Zwar sah ich meine Mutter öfter heimlich weinen, aber ich wusste nie warum. Für mich entwickelte sich daraus eine Konfliktunfähigkeit. Es fiel mir lange schwer, über mir wichtige Angelegenheiten zu sprechen. Die Antwort auf meine Frage, wieso ich nicht über wichtige Dinge reden kann, fand ich in meiner Familie.

Deine Familie sagt etwas über all diese Dinge aus. Deine Eltern prägten deine Talente und deine Stärken sowie deine positiven und deine negativen Angewohnheiten. Sie gaben dir dein erstes Zuhause. Selbst wenn du mit deiner Familie zerstritten bist und du nichts Positives finden kannst, ist sie ein bedeutender Schlüssel zu deinem Glück. Wir werden in diese Familie geboren, weil wir etwas Bestimmtes erfahren wollen oder sollen. Die Erlebnisse, die uns mit ihr verbinden, ergeben oft erst später einen Sinn.

Manchmal erleben wir auch genau das Gegenteil von dem, was wir uns wünschen. Aber auch dann ist es gerade richtig, wie es ist. Nur so kann sich unser Wunsch entwickeln.

Du liebst deine Eltern immer, und deine Eltern lieben dich, egal, wie diese Liebe aussehen mag. Ihr werdet immer das Richtige füreinander tun. Es kann sein, dass deine Eltern dich so verärgern, dass du den Kontakt abbrichst. Auch dann soll es so sein, und sie haben es für dich aus Liebe getan. Dann ist der Weg ohne sie für dich der richtige. Schau, wie du dich fühlst, und folge dem, was sich für dich richtig anfühlt. Egal, ob ihr zusammen seid oder getrennte Wege geht, es ist immer wichtig, mit der Familie in Frieden zu sein. Dafür reicht es aus, im Herzen Frieden mit ihnen schließen.

KINDER

Immer wenn dir Kinder besonders auffallen, geht es um dein Inneres Kind. Kinder, ob es nun die eigenen sind oder die von anderen, sind immer eine Erinnerung an uns, authentisch zu sein. Ihnen können wir nichts vormachen, sie werden immer hinter die Kulissen schauen. Kinder nehmen dein echtes Selbst wahr, egal, wie du dich zeigst. Oft wissen die Kinder besser, wie es uns geht, als wir selbst.

BEISPIEL

Als treusorgende Mutter und Ehefrau versuchst du, alles richtig zu machen. Möglicherweise machst du dir selbst vor, alles im Griff zu haben, und bist vielleicht auch ganz zufrieden mit dir. Eines Tages bummelt dein Kind vor sich hin. Dein Geduldsfaden ist zum Zerreißen angespannt. Du merkst, dass du überhaupt nicht alles im Griff hast – auch nicht dein Kind. Diese Situation erinnert dich daran, dass du dir wieder einmal etwas mehr Zeit nehmen und deine Aufgaben gelassener angehen darfst. Sie zeigt dir, dass du loslassen darfst. Wenn das gerade nicht geht, weil du beispielweise zur Arbeit musst, dann behalte es im Hinterkopf, und setze es so schnell wie möglich um. Andernfalls werden vielleicht andere, schlimmere Zeichen dafür in dein Leben kommen.

Vielleicht weint dein Kind viel. Wenn es klein ist, spricht es auf diese Art mit dir. Ein weinendes Kind könnte aber auch bedeuten, dass du selbst traurig bist, es aber nicht zeigst. Kinder sind so eng mit ihren Eltern verbunden, dass sie fühlen, was die Eltern fühlen. Ist das Kind oft bockig und schreit, bist du vielleicht selbst genervt. Das gilt auch, wenn du selbst keine Kinder hast, dir aber welche in deinem

Umfeld auffallen. Dann schau dir an, was sie machen. Spielen sie? Dann könntest du vielleicht auch mal wieder spielen, dich treiben lassen. Singen die Kinder? Tanzen sie? Sind sie wild oder eher still?

Kinder erinnern dich an dein Inneres Kind. Du kannst dich fragen: Was braucht mein Inneres Kind jetzt? Wo kann ich locker lassen und mehr Leichtigkeit in mein Leben bringen?

FREUNDE UND KOLLEGEN

Es gibt den alten Spruch: »Zeige mir deine Freunde, und ich sage dir, wer du bist.« Da ist viel Wahres dran. Schaue dich in deinem Umfeld um. Mit welchen Menschen verbringst du die meiste Zeit? Fühlst du dich mit deinen Freunden wohl? Oder triffst du dich ungern mit ihnen, traust dich aber nicht, ihnen zu sagen, dass du lieber etwas anderes machen würdest. Du erlebst ein Gefühl der Zugehörigkeit, jedoch kann es darüber hinwegtäuschen, dass diese Menschen eigentlich gar nicht zu dir passen. Ob du die richtigen Menschen um dich hast, erkennst du daran, wie du dich mit ihnen fühlst. Bauen sie dich auf? Oder ziehen sie dich eher herunter? Helfen sie dir, dich besser, größer, schöner zu fühlen? Kannst du mit ihnen du selbst sein oder verstellst du dich, weil du das Gefühl hast, dass du sowieso nicht verstanden wirst?

ÜBUNG

Mache eine Liste mit den Namen all deiner Freunde. Dann schreibe hinter jeden Namen das Gefühl, das du mit der jeweiligen Person verbindest, welche Dinge du mit ihr unternimmst und aus welchen Gründen du dich mit ihr triffst. Schreibe auch die Hauptcharaktereigenschaft der Person dazu. Dann merkst du schnell, welche Menschen dir guttun und welche nicht. Jetzt schreibe nur die auf, mit denen du dich wohlfühlst, und triff dich öfter mit ihnen.

Auch wenn du dich in der Gegenwart mancher Menschen nicht so gut fühlst, sind auch diese Menschen richtig, wie sie sind. Genau so, wie sie sind, sollen sie sein. Sie sind dafür da, dir noch klarer zu machen, was du eigentlich willst. Oft wissen wir erst, was wir wollen, wenn wir erkennen, was wir nicht wollen. Deshalb danke diesen Menschen für diese Klarheit, und ziehe dich dann mehr und mehr zurück. Du musst das nicht ankündigen oder besonders radikal vorgehen. Mache es Stück für Stück, kaum merklich. Es ist immer besser, in Frieden und Liebe zu gehen. Das gibt Energie zurück. Es kann aber auch sein, dass sich ein Mensch mit dir ändert und an deiner Seite bleibt. Das merkst du dann wiederum an deinem Gefühl.

Beispielgeschichte

Beim Kellnern war ich einmal von der Unachtsamkeit einer Kollegin, die mir immer wieder in den Weg lief, total genervt. Sie war geistig abwesend, und wir stießen immer wieder zusammen. Irgendwann

merkte ich, dass ich genau wie sie nicht ganz bei der Sache war. Das war ein Zeichen für mich. Um weitere Unfälle zu vermeiden, zog ich mich zurück, um mich zu sammeln. Eine kurze Meditation reichte fürs Erste.
Auch wenn die Gäste ungeduldig nach mir riefen oder die Kollegen anfingen, mich mit zu vielen Forderungen unter Druck zu setzen, wusste ich, dass ich eine Pause brauchte. Dann ging ich einen Schritt langsamer und nahm mir erst einmal einen Moment, trank einen Schluck Kaffee oder Tee. Das wirkte Wunder.

Es ist sehr wichtig, sich zuerst um sich selbst zu kümmern. Erst wenn die eigenen Batterien voll sind, können wir Energie an andere weitergeben.

BEISPIEL

Stelle dir vor, du gehst mit einer Freundin einkaufen. Sie sucht stundenlang nach einem bestimmten Kleid, kann sich aber einfach nicht entscheiden, obwohl sie schon sehr viele Kleider anprobiert hat, die ihr hervorragend standen. Obwohl deine Freundin sehr hübsch ist, nörgelt sie immer an sich herum und kann ihre eigene Schönheit nicht sehen. Das ärgert dich, und du sagst ihr zum hundertsten Mal, wie toll sie aussieht. Sie zweifelt trotzdem und hängt das Kleid wieder an die Stange. Das ist ein Zeichen für dich. Reflektiere, inwiefern ihr Verhalten dein eigenes widerspiegelt: Wo siehst du deine eigene Schönheit nicht? Wo bist du nie mit dir zufrieden? Wann kannst du dich nicht entscheiden? Wo nimmst du keine Komplimente an?

Tagesbotschaften & Kalendersprüche

Es gibt sehr schöne Kalender, die uns Tag für Tag mit einem motivierenden Spruch beschenken. Auch solche Botschaften können Zeichen sein. Ob sie für dich relevant sind, erkennst du an den Gefühlen, die sie in dir auslösen. Sowohl an einem freudigen als auch an einem negativen Gefühl kannst du ablesen, worum es in deinem Leben gerade geht, was ansteht. Die Kalender, die in deinem Leben sind, haben immer etwas mit dir zu tun, denn auch hier wirkt das Gesetz der Resonanz. Der Spruch oder die Botschaft passt immer für dich, für diesen Moment.

Plane dir eine feste Zeit ein, in der du dich mit dir und deinen Zielen beschäftigst. Dafür eignet sich der frühe Morgen sehr gut. Wenn du gerade aufgestanden bist, ist dein Kopf noch frisch und frei und empfänglich für die Botschaften des Tages.

ÜBUNG

Schaffe dir ein Morgenritual. Koche Tee oder Kaffee, zünde eine Kerze an, und nimm dir Zeit nur für dich. Es genügen schon fünf Minuten. Für den Einstieg empfehle ich dir, einen Abreißkalender mit Zitaten oder schönen Sprüchen anzuschaffen. Notiere die Zeichen, die Botschaften. Schreibe auf, was am Tag zuvor wunderbar war. Lege dir dafür ein schönes Büchlein zu, in das du das Datum des jeweiligen Tages schreibst. Schreibe als erstes den Spruch aus dem Kalender in dein Buch. Dieser Spruch hat garantiert etwas mit dem zu tun, was dich gerade beschäftigt. Idealerweise kannst du es auch in ein Kalenderbüchlein schreiben, das vielleicht selbst schon einen Tagesspruch enthält. Damit hast du schon zwei Hinweise dafür, wo du stehst, wohin du heute gehst und was für dich wichtig ist.

ÜBUNG

Kaufe dir einen großen Monatskalender mit fünf Spalten, eine Art Familienplaner. Gib jeder Spalte ein Thema, und erfinde ein Symbol dafür. Das könnte z. B. so aussehen:

Die erste Spalte widmest du der Dankbarkeit, als Symbol könntest du eine Spirale wählen. In diese Spalte schreibst du, wofür du heute dankbar bist. Die zweite Spalte reservierst du für eine Gesundheitsübung, die du gerade machst oder machen willst. Gib ihr auch ein Symbol. In der dritten Spalte könnten zwei Herzen für deine Liebesbeziehung stehen. Darin schreibst du kurz in Stichpunkten, was Tolles in der Liebe geschehen ist. In die vierte Spalte schreibst du den Fortschritt eines momentanen Projektes. Das könnte ein Wohnungsumbau, der geplante Urlaub oder ein anderes berufliches oder kreatives Projekt sein. Die letzte und fünfte Spalte widmest du dem Thema Glück. Dort schreibst du auf, was dich heute glücklich macht. Als Symbol eignet sich ein Kleeblatt oder ein Glückspilz. Nimm dir jeden Tag ein wenig Zeit, und trage zu jedem Thema wichtige Erlebnisse und Begebenheiten des Tages ein. Schon allein diese Eintragungen heben dein Glückslevel stark an. Es ist wichtig, dass du glücklich bist. Nur dann kannst du Zeichen sehen.

Karten oder Tarot befragen

Es gibt ganz viele wundervolle Tarots und Kartensets. Vom Krafttier- über Heilorakel bis zum Engeltarot findest du auf dem Markt alles, was dein Herz begehrt. Es gibt Kartensets mit verschiedensten Motiven wie Eulen oder Schmetterlingen und sogar Orakel für die, die es eher wissenschaftlich mögen. Es gibt Drachenkarten, Elfenkarten, Inneres-Kind-Tarots, Gesetz-der-Resonanz-Karten und viele mehr.

Wenn du ein passendes Kartenset für dich gefunden hast, kannst du eine oder mehrere Karten ziehen, um etwas über deine momentane Situation zu erfahren. Die Karten sagen dir, was du im Begriff bist, zu erschaffen oder anzuziehen. Es passt immer, denn nach dem Gesetz der Resonanz ziehen wir nur das an, was in uns ist. Mit anderen Worten: Du erlebst immer das, an was du glaubst. Die Karten werden dir wie ein Spiegel genau diese Dinge zeigen. Auch wenn du dir darüber nicht bewusst bist, zeigen sie dir, was du denkst und was du tief in dir fühlst. Weil wir selbst oft nicht wissen, was wir unbewusst glauben, fragen wir die Karten.

Unsere Glaubenssätze sitzen so tief, dass sie unser Leben vollkommen im Griff haben. Die Zeichen zu lesen, ist eine wirkungsvolle Methode, um diese Glaubenssätze zu erkennen. Sollte sich etwas zeigen, was dir nicht gefällt, dann kannst du es verändern, indem du es mit deinen Gedanken neu erschaffst. Die Karten dienen nur als Wegweiser und erzählen dir etwas über dich selbst, über deinen »Ist-Zustand«.

ÜBUNG

Diese Übung geht ganz leicht, macht Spaß und bringt dir große Klarheit: Nimm ein Kartenset deiner Wahl zur Hand. Falls du noch kein Kartenset hast, kannst du dein Lieblingsbuch nehmen. Stelle dir die Frage: »Worum geht es heute?« Dann ziehe entweder eine Karte, oder schlage eine Seite in dem Buch auf, und zeige mit geschlossenen Augen auf eine Zeile dieser Seite. Die Worte, die auf der Karte oder in dem Text stehen, sagen dir, wo du im Moment stehst, was gerade dein wichtigstes Thema ist. Schreibe das Thema des heutigen Tages in dein »Glücks-Buch« (Siehe Übung auf S. 54). Notiere dahinter die gezogene Karte oder die Textstelle aus dem Buch. Ziehe anschließend eine weitere Karte, oder blättere eine andere Seite in deinem Buch auf. Diese Karte bzw. Textstelle steht für den Segen an der Sache. Schreibe also: »Segen«, und notiere dahinter die Antwort. Sie sagt dir, wozu die Situation bis jetzt gut war. Ziehe anschließend noch eine Karte, oder blättere noch eine Buchseite auf. Notiere dann: »Erster Schritt:« und die jeweilige Antwort, und befolge die Botschaft der Karte oder des Buches.

Horoskop

Horoskope sind sehr beliebt, wenn es um die Lebensdeutung geht. Jedoch meine ich hier nicht das Horoskop, das in einer Zeitschrift oder Zeitung steht, sondern dein Geburtshoroskop. Dieses sagt vieles über dich aus und kann dir ein wichtiger Kompass auf deinem Weg sein. Woher kommst du? Aus welchem Elternhaus stammst du? Welche Ziele willst du erreichen? Welche Hindernisse und Herausforderungen stellen sich dir in deinem Leben?

Mit deinem Geburtshoroskop, das sich aus deiner Geburtszeit, deinem Geburtsort und dem Datum errechnet und das du z. B. von einem Astrologen erfahren kannst, kannst du deine Lebensmuster und Lebensthemen erkennen. Dein Horoskop sagt etwas über deine Talente und Fähigkeiten, deine Gesundheit, deine finanziellen Verhältnisse und deinen Start ins Leben aus. Es sagt auch etwas über das Ziel, das du dir gesetzt hast. Hast du dich schon einmal gefragt: »Warum geschieht mir das?« Die Antwort lässt sich im Geburtshoroskop finden. Deine Glaubenssätze, dein Elternhaus und deine Kindheit geben dir Aufschluss darüber, warum du bist, wo du bist. Als nächstes frage dich dann: »Wohin will ich jetzt gehen?« Um diese Frage zu beantworten, ist das JETZT dein neuer Ausgangspunkt. Erkenne den Punkt, an dem du jetzt stehst, denn wenn du erkennst, wo du stehst, weißt du auch, von wo aus du startest.

Mithilfe dieses Buches wirst du mehr und mehr erkennen, wer du wirklich bist, und es wird riesigen Spaß machen. Das, was du bist, kann nicht zerstört werden, und es versteckt sich hinter all deinen Programmen. Das zu wissen, macht aus all den Fragen und Antworten eine Art Spiel, und es wird ab einem gewissen Punkt richtig erfreulich, leicht und lustig – versprochen. Diesen Punkt erreichst du, sobald du erkennst, wer du bist.

Musik & Tanz

Die Musik in deinem Leben kann Zeichen für deine Träume aber auch für deine Ängste sein. Deshalb ist sie einer der Schlüssel zu einem glücklichen Leben. Musik ist immer Ausdruck deiner jeweiligen Gefühlslage und erzeugt Gefühle in dir. Dabei kann jede Art von Musik, die Emotionen in dir auslöst, ein Zeichen sein. Es kann Musik sein, die du gerne hörst, aber auch die Musik, die dich umgibt, ohne dass du sie bewusst ausgewählt hast. Dazu zählt z. B. die Musik, die auf der Arbeit läuft und die scheinbar zufällig aus einem Lautsprecher ertönt. Es kann auch die Musik sein, die dein Partner gerne hört, je nachdem, wie du zu ihr stehst und welche Gefühle sie in dir hervorruft. Es geht sowohl um Musik, die Widerstände in dir auslöst, als auch um die, bei der du dich wohlfühlst. Auch Musik, die du geschenkt bekommst, z. B. in Form einer CD oder einer Konzertkarte, zählt dazu.

Die Musik in deinem Leben sagt immer etwas über die Melodie in deinem Inneren aus. Hörst du gerne Rockmusik, Schlager oder die Charts? Oder vielleicht doch lieber Opernmusik oder Musical? Die meisten Menschen hören verschiedene Arten von Musik – passend zu ihrer Gefühlslage. In Aufbruchphasen hören sie vielleicht eher etwas »Rebellisches«, was für sie den Neubeginn einleitet. Diese Musik gibt ihnen Kraft und Energie, endlich loszulassen und ihr Leben neu zu beginnen.

Das Radio ist immer gut, um etwas über den momentanen Zustand deiner Seele herauszufinden. Aktuelle Charthits spiegeln diesen sehr oft wieder.

BEISPIELE

»Ich bin weg, weg, weg … Au Revoir …« – Zeit, loszulassen?
»Hallo Lieblingsmensch« – Zeit, für einen Menschen dankbar zu sein, der immer an deiner Seite ist oder war?
»Es reist sich besser mit leichtem Gepäck« – Zeit, auszumisten?
»Welt hinter Glas (du mit mir …)« – Zeit für Romantik oder Urlaub zu zweit?
»Ich wünsch dir noch'n geiles Leben« – Zeit, Abschied von jemandem zu nehmen, der nicht mehr zu dir passt?
»Komm, wir bringen die Welt zum Leuchten« – Zeit, deine Talente in die Welt zu bringen, dein inneres Licht strahlen zu lassen und andere damit zu motivieren?
»Ich mach für dich das Licht an« – Zeit für bedingungslose Liebe?
»Happy« – Zeit, einfach mal wieder glücklich zu sein?
»I need a dollar, dollar, a dollar is what i need« – Denkst du vermehrt an das, was du nicht hast, als an das, was da ist?

Musik sagt auch etwas darüber aus, wo du herkommst und wohin du gehst. Die Musik, die deine Eltern gehört haben, hat dich geprägt. Sie wird immer ein Gefühl in dir erzeugen, das sich danach richtet, wie du zu deinen Eltern stehst und welche Gefühle du mit ihnen und mit dieser Zeit verbindest. Sie kann z. B. ein Heimatgefühl in dir auslösen. Es kann aber auch sein, dass für dich ganz andere Musik wichtig ist, weil du gegen deine Eltern rebelliert hast und du mit der Musik deine Individualität ihnen gegenüber zum Ausdruck bringen wolltest.

Auch Musik, die in dir ungute Gefühle auslöst, kann mit einem Heimatgefühl verbunden sein. Es kann sich z. B. um Musik handeln, die du in einer schweren Phase oft gehört hast. Wenn du diese immer wieder hörst, begibst du dich automatisch in die schwere Energie von damals und kommst nicht voran. Du fühlst dich wie damals schwer und erlebst die gleichen Gefühle der Enttäuschung z. B. noch einmal. Solche Musik hält dich auch oft fest und lässt dich nicht wachsen und dein eigenes Leben führen. Deine Eltern haben dir den Weg auf diese Erde geebnet, aber jetzt darfst du deinen eigenen Weg gehen. Es ist sehr spannend herauszufinden, welcher das ist.

Wie kannst du die Musik deuten, die du gerne hörst, und die, die du nicht so gerne magst? Immer wenn Musik Gefühle in dir auslöst, ist das ein Zeichen dafür, dass du dich damit identifizierst. Entweder du fühlst dich wohl – dann ist alles gut mit der Musik und in deinem Leben. Oder du bist in Widerstand mit bestimmter Musik – dann befindest du dich wahrscheinlich im Unfrieden mit den Gefühlen, die diese Musik auslöst. In diesem Fall gilt es, sich mit diesen Gefühlen auseinanderzusetzen, denn Widerstand bindet deine Energie. Dabei könntest du diese viel besser für etwas einsetzen, was du schaffen oder erleben willst, was dich gut fühlen lässt. Nur die Musik, die dich berührt – positiv oder negativ – ist ein Zeichen.

BEISPIELE

Rockmusik – innerer Rebell
Charts – ständiges Wachstum, Offenheit für Neues, Veränderung; könnte aber auch dafür stehen, sich dem Mainstream anpassen zu wollen
Oper – je nach Art der Oper schweres oder leichtes Gemüt; löst immer in die eine oder andere Richtung tiefe Gefühle aus: entweder Leichtigkeit oder Dramatik, beschwingende Selbsterkenntnis oder Düsterkeit
Schlager – romantischer Mensch, lebt in seiner Traumwelt
Hip Hop – beschwingter Mensch voller Leichtigkeit

Auch Tänze sind ein Zeichen, ein Hinweis dafür, wer wir sind und welches Gefühl wir leben wollen oder im Idealfall schon leben. Es kann ein Urlaubswunsch dahinterstecken oder der Wunsch nach mehr Lebendigkeit. Diese können wir durch einen Tanz in unser Leben holen. Es könnte auch die Sehnsucht nach den guten alten Zeiten sein, ein Zeichen, die Vergangenheit nicht loslassen zu können. In diesem Fall brauchen wir uns nicht zu wundern, wenn die positive Veränderung im Leben ausbleibt.

Du weißt selbst am besten, was eine bestimmte Musik, ein bestimmter Tanz und ein Gefühl dir sagen wollen.

BEISPIELE

Tango – leidenschaftlicher und romantischer, feuriger Mensch
Salsa – südliches Temperament, lebensfroh, bewegungsfreudig
Discofox – Diese Menschen kultivieren ein bisschen die Discozeit, sind möglicherweise konservative Menschen, die ihr ganzes Leben lang die gleiche Musik hören, haben sich möglicherweise kaum verändert. Um es positiv auszudrücken, sie sind traditionsbewusst.

Tiere

DEIN HAUSTIER

Auch dein Haustier sagt etwas über dich und deine Eigenschaften aus. Oft hat das Haustier denselben Charakter wie sein Herrchen. Wenn der Hund viel bellt, kann es sein, dass sein Herrchen auch viel redet oder mehr reden will, es aber nicht tut. Am Empfinden deines Tieres erkennst du deine eigene Befindlichkeit. Dein Haustier ist dein Freund und will dir helfen. Oft nimmt dir dein Haustier etwas ab. Vielleicht wird es an deiner Stelle krank und sendet dir auf diese Weise ein Zeichen. Schau, was dein Tier genau hat, und heile dieses Symptom bei dir. Wie das geht, erfährst du im Kapitel »Krankheit als Zeichen« (siehe S. 116).

Beispielgeschichte

Der Kater eines bekannten Pärchens erkrankte an den Nieren. Es war so ernst, dass der Tierarzt schon riet, das Tier zu erlösen. Doch das Pärchen brachte es nicht übers Herz. Die Nierenwerte des Katers wurden immer schlechter. Das Tier fraß nicht mehr, und es roch, weil der Urin nun über die Haut ausgeschieden wurde. Der Kater war erst acht Jahre alt. Doch letztlich wollte der Kater nur warnen. Sein Herrchen war selbst dabei, sich zu vergiften. Er feierte viel mit Freunden und trank übermäßig viel Alkohol. Der junge Mann war gewarnt und ging weniger mit seinen Freunden feiern. So erholte sich auch der Kater wieder, der die Liebe und Hoffnung seiner Besitzer spürte. Am Ende lebte er noch weitere zehn Jahre.

DEIN LIEBLINGSTIER

Dein Lieblingstier ist dein Krafttier. Dieses sagt etwas über deinen Charakter und dein Wesen aus. Wahrscheinlich kennst du dich mit den Eigenschaften deines Lieblingstiers gut aus. Diese Eigenschaften charakterisieren wahrscheinlich auch dich. Möglicherweise sind es aber auch Merkmale, die du selbst nicht hast, die dir aber gefallen oder die du inspirierend findest. Dann darfst du diese Eigenschaften ausbilden und entwickeln. Normalerweise denken wir über so etwas nicht nach. Bestenfalls sagen wir »Wie das Herrchen, so der Hund«.

TIERE, DIE DEINEN WEG KREUZEN

Tiere, die vermehrt deinen Weg kreuzen, sind häufig Zeichen für die Themen, die gerade wichtig für dich sind. Du kannst aber auch auf Tiere achten, die in deinem Leben eher selten sind, und über die du dich wunderst, wenn du sie siehst.

Beispielgeschichte

Eines Tages kam ich von einem meiner Coachings. Ich erhielt kein Geld dafür und war darüber enttäuscht, sagte jedoch nichts. Ich fühlte mich nicht wertgeschätzt. In jahrelangem Studium eignete ich mir das Wissen an, das mich befähigt, diese Tätigkeit auszuüben. Es fühlte sich daher nicht richtig an, nichts dafür zu bekommen. Ich hatte mir große Mühe gegeben und fühlte mich nicht anerkannt. Eine Nachricht mit einem herzlichen Danke tröstete mich später etwas. Ich wusste, dass derjenige wenig Geld hatte. Auf seine Frage »Was bekommst du?« antwortete ich: »Nichts, lass doch, du hast ja nicht viel«. Im Nachhinein stellte ich fest, dass ich selbst auch schon vieles kostenfrei in Anspruch genommen hatte. Doch scheinbar war das Thema mit dieser Erkenntnis noch nicht abgeschlossen. Am Abend sah ich eine Mücke im Badezimmer. Eine Mücke, die mich sticht, ist immer ein Zeichen für ein »Aussaugen«. Erst einen Tag zuvor hatte ich eine Mücke mit der resoluten Ansage »Ich lasse mich nicht mehr aussaugen« ins Jenseits befördert. Sie war sehr hartnäckig. Nachdem ich sie mehrmals weggescheucht hatte, fand sie dennoch einen Platz zum Landen und saugte sich voll. Das machte mich wütend, und ich schlug zu. Im Nachhinein tat mir die Mücke leid, und ich beschloss, solche Situationen ab sofort mückenfreundlicher zu regeln, indem ich sie fing und aussetzte. Die Gelegenheit bot sich mir einen Tag später. Nach zwei Anläufen gelang es mir auch, sie einzufangen und rauszusetzen. Einerseits löste ich mein Versprechen und regelte es mückenfreundlicher. Andererseits verstand ich die Botschaft, die die zweite Mücke mir überbrachte: Ich hatte zu diesem Zeitpunkt selbst etliche Rechnungen noch nicht beglichen. Mir wurde bewusst, dass auch ich etwas von Leuten in Anspruch nahm, was ich noch nicht bezahlt hatte. Es dauerte noch eine Weile, bis ich wirklich alles zurückgezahlt hatte, aber die Botschaft hatte ich verstanden.

BEISPIEL

Wenn dir ein Fuchs vor das Auto läuft, könnte dies z.B. bedeuten, dass du gerade in die falsche Richtung fährst. Das gilt auch im übertragenen Sinne: die Richtung deines Lebens.

Der Fuchs kann auch ein Zeichen dafür sein, dass du deinen Scharfsinn auf deiner weiteren Lebensfahrt einsetzen solltest, denn dem Fuchs werden oft Eigenschaften wie Schläue und List zugesprochen. Könnte es sein, dass du in einer Sache stärker nachdenken oder stärker auf deinen Verstand hören sollst? Vielleicht trickst du auch gerade dich selbst oder jemand anderen aus?

VON TIEREN LERNEN

Tiere sind Meister der Achtsamkeit, denn sie haben keinen Sinn für Zeit und leben immer im Hier und Jetzt. Wir können uns ein Beispiel an ihnen nehmen und uns bewusst mehr Zeit für die natürlichen Abläufe wie Essen, Trinken und Schlafen nehmen. Üben wir uns in der Gelassenheit einer Katze. Wenn sie müde ist, schläft sie, wenn sie Hunger hat, frisst sie. Wenn sie spielen will, dann spielt sie. Sie hat immer genug Energie, weil sie einfach ihren natürlichen Bedürfnissen folgt.

Dieses natürliche Verhalten haben wir oft schon in den Kinderjahren abgelegt. Stattdessen haben wir bestehende gesellschaftlich anerkannte Verhaltensweisen angenommen, die nicht pauschal zu jedem passen. Wir sind Individuen, und jeder hat andere Bedürfnisse. Als Erwachsener ist es wichtig, sich daran zu erinnern und die Verantwortung für das eigene Leben zu übernehmen. Welcher Job passt zu deinen Bedürfnissen? Welche Menschen passen zu deiner Lebensart?

Um herauszufinden, was ein Tier für dich bedeutet, schaue dir die Eigenschaften des jeweiligen Tieres an, und deute sie für dich.

BEISPIELE

Hund: Hast du z. B. ein intensives Erlebnis mit einem Hund, obwohl du gar kein Hundebesitzer bist, dann ist das Thema Freundschaft jetzt wichtig für dich. Ein Freund oder mehrere denken vielleicht an dich oder du bist aufgefordert, ein wahrer Freund zu sein.

Eule: Du siehst oder hörst eine Eule. Sie kann dir auch als Plüscheule oder als Motiv auf einer Tasse ins Auge fallen. Wenn sie in dieser Form öfter in deinem Blickfeld auftaucht, ist das ein Zeichen. Die Eule steht für Klugheit und Wissen. Ihr Ruf »u-uuuuh!« klingt fast wie ein ermahnendes »Du«. Darin ist viel Wahrheit enthalten, denn alles kann auf dich selbst zurückgeführt werden. Wenn dir die Eule begegnet, frage dich: »Was mache ich? Was denke ich? Was fühle ich?« Die Antworten darauf zeigen sich dir in deinem Umfeld. Wenn du etwas über jemand anderen behauptest, prüfe, ob es nicht auch auf dich zutrifft. Wenn du dich darüber ärgerst, dass eine Person immer gleich laut wird, frage dich, ob du zum selben Verhalten neigst.

TIERE IN DER NATUR

Im Allgemeinen ist es ratsam, im Alltag auf Tiere zu achten, die eng mit der Natur verbunden sind, denn auch uns Menschen tut die Verbindung zur Natur gut. Wenn wir die Tiere beobachten und wissen, was sie uns sagen wollen, dann können wir diesen Zeichen folgen. Achte auch darauf, in welcher Jahreszeit sich ein Tier besonders zeigt.

Die Tiere, die im Frühling vermehrt zu sehen und wahrzunehmen sind, stellen auch Boten des Frühlings in deinem Leben dar. Der Frühling ist eine Zeit des Aufbruchs, ein Neubeginn. Die Tiere sind in dieser Zeit zumeist so offensichtlich um uns herum, dass wir gar nicht bewusst auf sie achten. Unterbewusst erreichen uns ihre Botschaften aber dennoch. Wir sagen dann: »Wie schön, es ist Frühling. Schau mal die Bienen, Marienkäferchen und Maikäfer.« Wir nehmen ihre Anwesenheit im Frühling als selbstverständlich wahr und übersehen, dass auch diese Tiere Zeichen sein können. Auch hier bringt es eine alte Redwendung auf den Punkt: »Wir sehen den Wald vor lauter Bäumen nicht.« Also achte auf die Tierboten des Frühlings. Der Marienkäfer bringt z. B. Glück, und die Biene steht für Fleiß. Achte aber auch immer auf eigene Impulse: Was bedeutet z. B. der Frosch für dich? Ist er ein Zeichen für deine eigene Transformation oder eher der erhoffte Prinz? Das entscheidest du. Für dich ist immer gültig, was du darin erkennst.

Im Sommer gibt es viele Schmetterlinge und Libellen. Aber auch die Grille, die Musikerin des Sommers, könnte ein Zeichen sein, zu singen, zu musizieren und zu feiern. Grashüpfer erinnern dich vielleicht daran, leichte große Sprünge zu machen. Das kann gelingen, weil wir im Sommer sowieso meist sehr gut drauf sind, denn die vielen Sonnenstunden machen gute Laune. Wenn wir gut gelaunt sind, klappt sowieso alles, was wir uns vornehmen. Im Sommer gilt es, die Leichtigkeit zu spüren, zu tanzen das Leben zu feiern, die Sonne zu genießen.

Im Herbst wird geerntet und eingelagert für den Winter. Eine Zeit der Geschäftigkeit, der Farben. Jetzt ernten wir, was wir im Frühling gesät haben. Die Eichhörnchen füllen ihre Vorräte. Sie sind Kletterkünstler und Schatzsucher. Welche dieser Eigenschaften kannst du auf dich übertragen? Auch Igel können wir in dieser Zeit beobachten. Wenn dir ein oder mehrere Igel begegnen, könnte dies etwas mit den Stacheln zu tun haben, die du zu deinem Schutz ausgefahren hast. Der Igel ist ein Überlebenskünstler und ein Einzelgänger. Möglicherweise hat das etwas mit dir zu tun. Schau immer, was das jeweilige Tier für eine Eigenschaft hat, und überlege, was es mit dir und deiner jetzigen Situation zu tun hat.

Vor dem Winter sammeln sich die Zugvögel. Sie bilden perfekte Gruppierungen, um mit möglichst wenig Kraftaufwand in den Süden zu fliegen. Vielleicht steht dir auch mehr Energie zur Verfügung, wenn du dich in der Gruppe richtig formierst und jeder den Platz einnimmt, den er am besten ausfüllen kann.

Auch der Ruf von Tieren kann ein Zeichen sein und zählt genauso, als würdest du dem Tier begegnen. Hörst du z. B. einen Raben krächzen, könntest du die Magie willkommen heißen. Du bekommst Hilfe vom großen Ganzen, dem Universum. Sei offen für Zufälle und Lösungen, an die du von selbst im Traum nicht gedacht hättest.

Beispielgeschichte

Eines Morgens im März nahm ich besonders viele Zeichen wahr, weil ich mich bewusst auf das Staunen eingelassen hatte. Am Abend zuvor war ich schon mit einer wundervollen Geschichte zu Bett gegangen. Noch vor dem Einschlafen sagte ich mir laut: »Ab jetzt geht es leicht und macht Spaß.« So wachte ich natürlich auch fröhlich und leicht auf. Als ich später aus dem Haus ging, kreuzte auch schon ein kleines Eichhörnchen meinen Weg. Damit hatte ich nicht gerechnet, und meine Freude war umso größer. Ich sah in ihm ein Zeichen für Leichtigkeit und Verspieltheit. Als ich das Gartentor hinter mir schloss, flog ein Rabe über mir und ich freute mich noch einmal und dankte dem Universum für die Magie, die es mir schickte. Kurze Zeit später hüpften zwei Rotkehlchen über meinen Weg. Also sollte ich heute auch noch Glück haben. Ein vorbeifliegender Rabe und ein Flugzeug, das ich über mir sah, lösten in mir Vorfreude auf den nächsten Urlaub aus. Ich übersetzte es als einen Urlaub, der mich auf überraschend magische Weise erwartete, und bekam noch bessere Laune. Auf dem Spielplatz sah ich eine Taube und mich erfüllte Dankbarkeit für den Frieden in meinem Leben. Ich sah eine Amsel, das Tier, das mich an meinen verstorbenen Vater erinnert. Auf meinem Heimweg trat ich in einen Hundehaufen, ein Zeichen für Glück und Geld. So kann ein Arbeitsweg aussehen, wenn man sich staunend den Zeichen öffnet. Es ist leicht und macht Spaß.

Natur

BLUMEN

Dass Blumen für etwas stehen, haben wir alle schon gehört. Eine Rose verschenken wir als Zeichen der Liebe. Sie drückt aber auch Stolz aus. Die Weiße Lilie ist ein Trauersymbol, das wir geliebten Menschen auf ihrem weiteren Weg in die andere Dimension mitgeben.

WEITERE BEISPIELE

Veilchen – Bescheidenheit

Gelbe Dalien – Ich habe schon einen Partner.

Chrysanthemen – Mein Herz ist frei für dich.

Christrosen – Nimm mir die Angst.

Astern – Ich bin nicht ganz von deiner Treue überzeugt.

Sonnenblumen – Ich hab nur Augen für dich.

Rote Rosen – Ich liebe dich.

Orchideen – besondere Schönheit

Jede Blume blüht zu einer bestimmten Jahreszeit. So können wir sagen, dass die Blume, die an unserem Geburtstag blüht, unsere

Charaktereigenschaften widerspiegelt. Einer Person, die im Winter geboren ist, wenn das Schneeglöckchen blüht, könnte man z. B. die Eigenschaft zuordnen, dass sie auch bei eisiger Atmosphäre gut zurechtkommt und sehr widerstandsfähig ist. Ihr bekommt wahrscheinlich auch die kühle Jahreszeit besser. Ein Frühlingskind, das zur Zeit der Krokusse geboren ist, schießt wahrscheinlich in jeder Hinsicht schnell hoch.

Wenn wir wissen wollen, wie ein Mensch ist, oder wenn wir wissen wollen, wie wir selbst sind, können wir uns von den Blumen eine kleine Geschichte erzählen lassen. Auch wenn du Blumen geschenkt bekommst, sagen diese etwas über den Schenkenden und natürlich immer auch über dich selbst.

STEINE

Es ist allgemein bekannt, dass Steine eine Wirkung haben. Zumindest jeder echte Edelstein steht für eine Eigenschaft, die er unterstützt. Wir unterscheiden Heilsteine, die direkt zur Heilung eingesetzt werden, und Edelsteine, die als Schmuck getragen werden, aber immer auch eine heilende Wirkung besitzen. Es gibt Steine, die den einzelnen Sternzeichen zugeordnet werden. Diese Zuordnung ist sehr pauschal und nicht immer eindeutig, denn unser Sternzeichen wird nicht nur durch unser Horoskop bestimmt, sondern auch durch den Aszendenten und die Planeten beeinflusst.

Es kann sein, dass du in verschiedenen Lebensphasen unterschiedliche Steine verwendest, damit sie dich in der jeweiligen Situation unterstützen. Grundsätzlich wirst du immer automatisch von dem für dich am besten passenden Stein angezogen. Du erkennst ihn ganz einfach daran, dass er dir am besten gefällt.

BEISPIELE

Achat: steht für Stabilität; fördert logisches Denken

Amethyst: unterstützt Meditation und Balance; hat eine ernüchternde Wirkung; hilft, zu glauben und zu vertrauen; kann bei Trunkenheit helfen oder unterstützt die Verbindung zum Universum

Bergkristall: steht für Klarheit; Gedanken ordnen

Bernstein: fördert Vertrauen, Kreativität und Flexibilität

Granat: fördert Selbstvertrauen und Lebensfreude

Jade: steht für Ausgeglichenheit und inneren Frieden

Jaspis: stärkt den Willen, die Ausdauer und die Geduld

Kupfer: unterstützt die Fantasie, Vorstellungskraft, regt zum Träumen an, sorgt für Harmonie und Ausgeglichenheit, fördert edle Gefühle, hat positiven Einfluss auf die Sinnlichkeit, bringt alles in den Fluss, wirkt krampflösend

Lapislazuli: Stein der Könige, Kleopatra, Napoleon; steht für göttliche Kraft, Geborgenheit, unendliches Leben

Himmelsstein: steht für Frieden, Weisheit und Liebe, Schutz- und Freundschaftsstein, Sinn für Schönheit und Gerechtigkeit

Mondstein: fördert die Intuition; hilft, sich an Träume zu erinnern

Onyx: fördert und stärkt das Selbstbewusstsein

Rosenquarz: steht für Liebe und fördert das Einfühlungsvermögen

Tigerauge: stärkend; fördert das Vertrauen

Türkis: wirkt ausgleichend und beruhigend

Achte einfach auf die Steine, die dir auf deinem Lebensweg begegnen. An ihnen kannst du erkennen, welchem Thema du in diesem Moment Beachtung schenken solltest. Dies kann auch deine Gesundheit betreffen, denn jeder Stein hat auch eine heilende, unterstützende Wirkung auf der körperlichen Ebene.

Schriftliche Zeichen

BÜCHER, PLAKATE, ZEITUNGEN

Alle Plakate, Werbeprospekte sowie Werbung, die dir in deiner Umgebung ins Auge fällt, können ein Zeichen für dich sein. So können Botschaften z. B. in einer Zeitung auftauchen, die du oder ein Mensch in deiner Umgebung, z. B. in der Bahn, liest. Schlagzeilen, Graffitis an Hauswänden, Buchtitel oder Inhalte von Büchern, die du »zufällig« liest, weil sie beispielsweise offen auf einem Tisch liegen, können wichtige Hinweise auf deinem Weg sein. Auch Bücher, deren Titel dich in den Bann ziehen und die dich interessieren, sind Zeichen. Innerlich suchst du immer nach Antworten, und das Leben schickt sie dir. Besonders wenn du in der Stadt lebst, erreichen dich die Antworten sehr oft mithilfe geschriebener Worte. Kurz gesagt können alle Schriftzüge, die dir ins Auge springen oder dich emotional berühren, Zeichen sein.

Beispielgeschichte

Ich war zu meiner ersten Buchmesse in Wien und hatte dort meine erste öffentliche Lesung. Diese sollte allerdings erst am letzten Messetag stattfinden. Ich hatte geplant, einen schönen Kurzurlaub mit der Lesung zu verbinden und verbrachte die ganze Woche in Wien, um mir die Stadt anzuschauen. Damals war ich noch Single. Zum Spaß – und um meine Wunschkraft zu testen – hatte ich mir eine nette, männliche Begleitung gewünscht, die mir Wien zeigen und mir vielleicht beim Tragen meiner Koffer helfen würde. »So sei es«, sagte das Leben noch am selben Tag. Mir fiel ein junger Mann auf, der auf die Straßenbahn wartete. Er lächelte mich an, und später kamen wir sogar ins Gespräch.

Was mir diese Begegnung bringen sollte, erkannte ich an der Aufschrift der Bahn, die im gleichen Moment auf dem Bahnsteig einfuhr. Dort war in großen bunten Buchstaben das Wort »Macho« zu lesen. Ich musste lachen. So eine Aufschrift hatte ich vorher noch nie gesehen. Doch wie sie darauf gelangt war, war nicht wichtig, allein die Botschaft zählte für mich: Dieser Mann war in jedem Fall nicht der Richtige für mich.

Da ich sehr vertrauensselig bin, aber weiß, dass ich beschützt werde, ließ ich mich trotzdem auf eine Unterhaltung mit ihm ein. Es stellte sich heraus, dass es sich um einen sehr netten, höflichen und angenehmen Wiener handelte. Ich wäre selbst nie darauf gekommen, dass er ein Macho sein könnte, trotzdem behielt ich die Botschaft im Hinterkopf. Er lud mich zu einem Kaffee in eines der schönen Wiener Kaffeehäuser ein. Dort entpuppte er sich als Raucher. Das war das nächste Zeichen für mich – Bekanntschaft: ja, mit ihm Wien erkunden: ja, Koffer tragen: ja, aber Beziehung: nein. Außerdem hatte ich mir ja auch nicht die große Liebe gewünscht, sondern nur eine Begleitung. So lernte ich diesen sehr angenehmen jungen

Gentleman kennen. Er trug mir am letzten Tag tatsächlich meinen Koffer zur Bahn. Eine nette Begegnung, die mir in guter Erinnerung bleiben wird.

Gut zu wissen: Bei Plakaten lenkst du deinen Fokus nur auf das, was für dich passt, was du brauchst. Das können auch nur die Überschriften oder einzelne Teile des Textes sein. Alles andere kannst du bewusst übersehen. Diesen Fokus kannst du jedoch erst setzen, wenn dir klar ist, was du willst, was du dir wünschst und was dir guttut. Es kommt nicht auf die Werbetreibenden an, sondern darauf, was das Zeichen für dich bedeutet.

BEISPIELE

»Neueröffnung«: Was ist oder wird neu in deinem Leben?

»Es reicht«: Hierbei kannst du wählen: Reicht es im Sinne von »Ich habe die Nase voll«, oder handelt es sich um ein »Es ist immer alles da, was ich brauche. Es reicht«?

»Jetzt ist deine Zeit«: Dinge, die du angehst, werden gelingen.

»Jedes Glas ein Unikat?«: Lebe deine Einzigartigkeit.

Urlaubsplakate: Bist du reif für einen Urlaub?

»Läuft mal wieder«: Alles läuft gut in deinem Leben.

FILME ALS ZEICHEN

Filme, die du unbedingt sehen willst – ob im Kino oder im Fernsehen –, können dir ebenso wie andere Zeichen zeigen, was gerade dein Thema ist. Hier ist es ähnlich wie beim Thema Musik. Filme, die Emotionen in dir auslösen, die dich z. B. aufregen oder über die du oder andere in deinem Umfeld diskutieren, können ein Zeichen sein. Oft werden zu einem bestimmten Thema besonders viele Filme im Fernsehen oder im Kino gezeigt. Daran merkst du, welches Thema dich gerade betrifft. Du bist immer zur richtigen Zeit am richtigen Ort.

BEISPIEL

Ich liebe Disneyfilme, weil in ihnen alles möglich ist. Hier gibt es einfach alles, an was ich glauben will: Prinzen, Happy Ends, Tiere, die sprechen können, und Menschen, die fliegen können. Es gibt Elfen, Zauberer, Feen und Magie. Genau diese Magie ist es, die wir oft in unserem Leben übersehen, die wir nicht wahrnehmen.

Was uns fasziniert und inspiriert, betrifft uns. Mir persönlich zeigt das, dass ich die Faszination und Magie in meinem eigenen Leben mehr wahrnehmen sollte, da sie mich in Filmen so begeistert.

Beispielgeschichte

Kurz nach der Trennung meines damaligen Partners sah ich den Film »P.S. Ich liebe dich«. Der Film hat mich sehr berührt und inspiriert. Ich konnte mich gut in die Heldin des Films hineinversetzen. Ihr Liebster war gestorben und half ihr mittels Briefen, die er vor seinem Tod an verschiedenen Stellen für sie hinterlassen hatte, wieder ins Leben zurückzufinden. Ich ließ mich von den Briefen, mit denen der Mann seiner Frau im Film half, inspirieren. Alle Aufgaben, die er ihr stellte, um ihre Trauer zu überwinden und wieder ins Leben zurückzufinden, konnte ich fast eins zu eins auf mich anwenden:

1. Abschied nehmen und trauern
2. Loslassen und dankbar für alles sein, was war
3. ein Bad nehmen, etwas Schönes anziehen, wieder rausgehen und am Leben teilhaben
4. Wohnung aufräumen und neu gestalten
5. die eigene Kreativität wiederentdecken
6. eine neue berufliche Aufgabe finden
7. Menschen treffen
8. einen neuen Partner in mein Leben lassen

Manchmal kann ein Film die eigene Lebenssituation widerspiegeln. Wenn du die Parallele erkennst, kannst du überlegen, wie der Film dir weiterhelfen kann. Wenn du ein solches Zeichen erkennst, kann es deinem Leben eine neue, ungeahnte Wendung geben.

NACHRICHTEN, POST, LIEFERUNGEN

Häufig erreichen uns die Zeichen, die Botschaften des Lebens, ganz klassisch über den Briefkasten. Natürlich ist damit auch unser E-Mail-Postfach gemeint. Zeichen können als SMS oder Whatsapp-Nachricht kommen, oder sie erreichen uns über die sozialen Medien. Solche Nachrichten können wir fast immer einszueins übersetzen.

ÜBUNG

Nimm dir heute einmal vor, auf jene Zeichen zu achten, die dich daran erinnern, dass dich wundervolle Post erreichen wird. Achte auf alle Zeichen und Symbole, die auf Post hinweisen können. Das kann beispielsweise der Postbote, ein Postauto oder das Posthorn sein. Es kann auch etwas sein, was darauf hinweist, dass eine E-Mail, eine Whatsapp- oder Facebook-Nachricht ankommt. Sage dann immer wieder freudig und am besten laut vor dich hin: »Danke für die tolle Post.« Am besten sagst du das, noch bevor du die Nachricht liest. Diese Übung soll deinen Fokus, deine Aufmerksamkeit, trainieren.

ÜBUNG

Bestimmt hast du dir schon einige Sachen vom Universum gewünscht bzw. dort »bestellt«. Ähnlich wie in der letzten Übung achte nun auf alles, was eine Lieferung ankündigen könnte, um diesen Wunsch zu manifestieren. Das kann z.B. das Lieferfahrzeug eines Versandunternehmens oder ein Fahrzeug sein, das einen Einkaufsmarkt beliefert. Wenn dir ein solches Zeichen auffällt, sage laut und freudig vor dich hin: »Danke für die tolle Lieferung.« Das gilt auch für Päckchen, die du für einen Nachbarn annimmst. In dieser Übung geht es um die Realisierung eines konkreten Wunsches, z.B. eine glückliche Liebesbeziehung. Jedesmal wenn du ein Zeichen siehst, dass für eine Lieferung steht, weißt du, dass dein Wunsch schon dabei ist, sich zu erfüllen.

Farben

Die Verknüpfung von Farben und Eigenschaften hat eine lange Tradition. Die Farben, die du trägst und die dich umgeben, beeinflussen dich. Sie können dich sowohl stärken als auch schwächen. Sie können dich fröhlich oder traurig stimmen. Sie können dich sowohl beruhigen als auch aggressiv machen. Deshalb ist es wichtig, darauf zu achten, mit welchen Farben du dich umgibst und in welchen du dich kleidest. Die Farben in deiner Wohnung sind dabei genauso wichtig wie die Farben an deiner Arbeitsstelle. Um Energie aufzutanken, kannst du z. B. in die Natur gehen, denn Grün hat immer einen erholsamen und heilenden Effekt. Nutze die Kraft der entsprechenden Farben – je nachdem welchen Bereich du stärken willst.

BEISPIELE

Rot: Süden, Feuer, Temperament, Vitalität, Herz, Ruhm, Wurzelchakra

Orange: fröhliches Beisammensein, Geselligkeit, Sexualchakra

Gelb: Sonne, Licht, Erleuchtung, Lebensfreude, Energie, Weisheit, Kontrolle, Geduld, Toleranz, Männlichkeit, aktives Yang, Solarplexus

Grün: Hoffnung, Gleichgewicht, Harmonie, Frieden, aber auch Reiselust und Eifersucht, Herzchakra

Blau: Ruhe, Harmonie, Fürsorge, Zufriedenheit, Vertrauen, Treue, Sorgfalt, Glaube, Unendlichkeit, Standhaftigkeit, Halschakra

Indigoblau: Cleverness, Augen, Ohren, Nase, Stirn, Hypophyse, Stirnchakra

Lila: Magie, Geselligkeit, mild stimulierend, Kronenchakra

Wenn du etwas Wichtiges vorhast, wie z. B. ein Vorstellungsgespräch für einen neuen Job, dann wähle eine Farbe, die dich stärkt.

Das könnte z.B. Blau sein. Wichtig ist, dass du dich wohlfühlst. Wenn du dich in Rosa sehr gut fühlst, kannst du auch Rosa tragen, weil es dein Selbst unterstreicht. Dabei kommt es jedoch immer auch auf den Job an. Generell würde ich bei wichtigen Terminen auf Rosa eher verzichten, es sei denn der Termin soll das Herz von jemandem berühren. Dann wirkt die Farbe unterstützend. Achte immer genau darauf, welche Farbe dich bei deinem Vorhaben unterstützen kann.

Düfte

Jeder Mensch hat seinen eigenen Körperduft und ist mit vielen verschiedenen Düften aufgewachsen. Der alte Spruch »Ich kann dich nicht riechen« trägt viel Weisheit in sich. Menschen, die sich nicht riechen können, passen auch nicht zusammen.

Vielleicht kennst du die Situation, wenn du jemanden kennenlernst, der dir zwar äußerlich gut gefällt, aber irgendwie befremdlich duftet. Ein angenehmer Parfumduft kann nur kurze Zeit darüber hinwegtäuschen. Begegnet dir vielleicht ein Duft, den ein Ex-Partner an sich hatte, und der noch positive oder negative Gefühle in dir auslöst? Dann hast du möglicherweise noch nicht ganz mit ihm oder ihr abgeschlossen. Das Universum macht keine Fehler. Wenn es eure Bestimmung wäre, zusammen zu sein, dann wäre er oder sie noch da. Wenn du seinen oder ihren Duft noch in der Nase hast, dann wird es Zeit, ihn oder sie loszulassen, damit du frei für eine neue Liebe bist. Der Duft ist ein Zeichen dafür, den früheren Partner bewusst zu verabschieden. Natürlich dauert alles immer so lange, wie es dauert, und nichts lässt sich erzwingen. Da wir nicht gelernt haben, auf solche Zeichen zu achten, ignorieren wir sie oft und übergehen damit wichtige Hinweise.

Auch Essen, dessen Geruch uns nicht zusagt, ist nicht das richtige Essen für uns. Es ist wichtig, dass wir unserer Intuition vertrauen und solches Essen nicht zu uns nehmen.

Manchmal begegnen uns auch Gerüche, die uns vertraut und heimisch vorkommen. Besonders Gerüche aus der Kindheit können diese Gefühle hervorrufen. Lasse dann dein Gefühl entscheiden, ob du dich jetzt damit wohlfühlst oder nicht. Angenommen deine Eltern haben immer geraucht, und dein neuer Partner raucht auch. Dann stört dich dieser Geruch vielleicht zunächst nicht, weil du ihn kennst. Durch diese Vertrautheit merkst du nicht, dass dir der Geruch nicht guttut. Oft erkennen wir erst später, dass es unsere Erinnerungen und Gewohnheiten sind, die uns zu einem neuen Partner geführt haben, wobei hier sicher noch andere Aspekte mitspielen als nur der Duft.

Achte bewusst auf die Düfte in deinem Leben. Vor allem in Gebäuden können Gerüche oft ein Zeichen dafür sein, ob wir am richtigen Ort sind. Auch die Werbeindustrie nutzt die Wirkung der Düfte für sich. So finden wir in bestimmten Bekleidungsgeschäften und Supermärkten Düfte, die zum Kaufen animieren. Wellness-Einrichtungen verströmen Wohlfühldüfte, in Cafés duftet es nach Kaffee und Gebäck, und in Restaurants duftet es nach den jeweiligen Tagesgerichten.

Du kannst dich auf deinen Geruchsinn verlassen. Wenn etwas gut für dich duftet, ist es das Richtige für dich. Wenn etwas nicht so gut für dich riecht, ist es in diesem Moment nicht gut für dich.

Bilder

Die Bilder, die dich umgeben, sagen etwas über deine Sehnsüchte aus. Sie spiegeln, was deine Seele sich wünscht. Dabei ist die Welt der Bilder genauso vielfältig wie wir Menschen. Bilder, die du dir z. B. in die Wohnung hängst, sagen viel über dich aus. Was für ein Mensch bist du? Bist du eher nüchtern und siehst alles realistisch? Oder bist du eher verträumt oder verspielt? Liebst du Tiere, die Natur und Blumen? Oder bist du lieber in der Stadt, umgeben von anderen Menschen? Liebst du es zu reisen und unterwegs zu sein? Oder bist du ein häuslicher Typ, der gerne kocht und sich im Kreise der Familie am wohlsten fühlt? Magst du Mode und die Welt der schönen Dinge? Faszinieren dich Autos oder andere Fahrzeuge? Machst du gerne Sport?

ÜBUNG

Betrachte bewusst die Bilder, die dich umgeben. Sind es Naturbilder? Vielleicht ein Wald oder Blumen? Oder sind es Häuser, Brücken und Städte? Hast du Bilder von fernen Ländern, die ganz anders sind als dein Umfeld? Umgeben dich fantastische Motive wie Elfen, Drachen, Engel oder Einhörner? Vielleicht magst du auch Bilder mit Musikinstrumenten oder Musikern?

Entsprechen diese Bilder deinen Zielen und Wünschen, oder stellen sie etwas anderes dar? Wenn sie förderlich sind, dann lasse sie hängen. Wenn sie etwas anderes zeigen, entferne sie, und hänge Bilder auf, die deine Ziele und Wünsche unterstützen.

Normalerweise sehen wir uns Bilder nur genau an, wenn wir sie aufhängen. Nach einer Weile übersehen wir sie dann. Es ist wichtig, dass du dir klar machst, dass die Bilder um dich herum immer auf dich einwirken. Bilder sind mit dem Unterbewusstsein inniger verbunden als z. B. Worte.

Sind deine Bilder farbenfroh und fröhlich? Bist du ein fröhlicher, freundlicher Mensch? Oder sehnst du dich nach mehr Freude, Licht und Helligkeit in deinem Leben? Sind die Bilder, die dich umgeben, eher dunkel und stellen die dunkle Seite der Welt dar? Möglicherweise siehst du die Welt pessimistisch. Vielleicht glaubst du nicht an das Gute. Vielleicht glaubst du, dass die Welt und die Menschen schlecht sind. Oder du verurteilst unbewusst etwas oder jemanden, vielleicht auch dich selbst. Hast du vielleicht Angst vor den dunklen Seiten des Lebens?

Sind die Bilder, die dich umgeben strukturiert und haben klare Formen und Farben? Vielleicht bilden sie Kreise, Quadrate oder Linien ab? Dann könnte es sein, dass du mehr Struktur, Ordnung und Sicherheit in deinem Leben brauchst. Vielleicht bist du ein Mensch, der alles plant und keine Überraschungen mag. Bist du ein Mensch, der alles im Griff haben will? Sind die Bilder in deinem Leben verschwommen oder liegen in einem sanften Nebel? Dann ist es möglich, dass du etwas nicht sehen oder wahrhaben willst.

ÜBUNG

Achte auf die Bilder, die dir unterwegs auffallen. Das kann überall geschehen: auf der Arbeit, beim Schaufensterbummel, beim Arzt, in der Wäscherei, in einem Café oder Restaurant. Sie zeigen dir, welche Themen dich gerade beschäftigen. Das kann etwas sein, was dir guttut aber auch etwas, wovor du Angst hast. Wenn du etwas unangenehm findest, kannst du dich fragen: »Was habe ich damit zu tun?« und dein Leben neu ausrichten.

Schenke ab jetzt den Bildern, die etwas abbilden, was du sehen oder erleben willst, mehr Aufmerksamkeit. Dann wirst du immer öfter solche Bilder sehen, während die Bilder, die etwas zeigen, was du nicht magst, seltener werden, je weniger Aufmerksamkeit sie bekommen.

Zahlen

Auch Zahlen sind Zeichen. Die erste Zahl in deinem Leben ist deine »Geburtszahl«. Diese gibt dir einen Hinweis dazu, was das Thema deines Lebens ist. Sie sagt etwas darüber aus, woher du kommst, wohin du gehst, was deine Ziele, Träume und Hoffnungen sind.

ÜBUNG

Notiere dein Geburtsdatum auf einem Blatt Papier, und addiere die einzelnen Ziffern. Wenn eine zweistellige Zahl herauskommt, addiere auch hier nochmals die einzelnen Ziffern.

Beispiel: 02.01.1967

2+1+1+9+6+7= 26
2+6= 8

Anhand deines Geburtsdatums und den errechneten Quersummen kannst du etwas darüber erfahren, welche Themen in deinem Leben wichtig sind.

Zuerst schauen wir auf die Zahl, die wir aus unserem Geburtsdatum errechnet haben, und auf die Quersumme aus dieser Zahl, wenn es eine zweistellige ist. Diese beiden Zahlen stehen für das Hauptthema deines Lebens.

Die Acht steht für Überfluss, Macht, finanzielle Fülle, Unendlichkeit, ewiges Fließen und den Strom der Fülle. Ein Mensch mit der Geburtszahl Acht darf Vertrauen in den ewigen Strom der Fülle entwickeln. Es geht um Ausgewogenheit, Harmonie und Gleichgewicht in seinem Leben. Die Zwei bedeutet, zu glauben und darauf zu vertrauen, dass das Allerbeste im Leben geschieht. Die Sechs steht für konkrete, greifbare Dinge. In Verbindung mit der Acht ist das Lebensthema dieses Menschen finanzielle Fülle sowie Macht über das eigene Leben zu erlangen. Er darf auf das innere und äußere Gleichgewicht achten. Dieses Gleichgewicht wird sich materiell zeigen. Wahrscheinlich wird dieser Mensch etwas Greifbares, Reales erschaffen.

Alle Zahlen deines Geburtsdatums sagen etwas über dein Leben aus. Sie erzählen dir, was du erlernen, erfahren und ausdrücken darfst. Schau dir die Zahlen nacheinander an, und überlege dir dann dein persönliches Lebensmotto.

1 – Kreativität, Zuversicht, Einssein, Fokus auf Wunscherfüllung
2 – Zusammenarbeit, Ausgewogenheit, Harmonie, Gleichgewicht, Dualität, Glaube, Vertrauen, Gebete manifestieren sich
3 – Ausdruck, Feingefühl, Beten, Hilfe annehmen, aus Zweien entsteht immer etwas Drittes, noch Besseres (Vater, Mutter, Kind)
4 – Stabilität, Entwicklung, Liebe, Sicherheit
5 – Freiheit, Disziplin, Veränderung, Transformation, Alchemie, Lernen und Lehren
6 – Vision und Annehmen, Materielles, konkret Greifbares
7 – Vertrauen und Offenheit – du bist auf dem richtigen Weg
8 – Überfluss, Macht, finanzielle Fülle, Unendlichkeit, ewiges Fließen, Strom der Fülle
9 – Integrität, Weisheit, anderen mittels der eigenen Talente dienen
0 – innere Gaben, göttliche Quelle, innere Stimme, Universum

Auch wenn dir im Alltag Zahlen wie z. B. Hausnummern, Postleitzahlen, Parkplatznummern oder Nummernschilder begegnen, bedeuten diese etwas.

Beispielgeschichte

Ein schönes Zeichen in Form einer Zahl zeigte sich mir bei meinem ersten Date mit meinem Partner. Er holte mich ab, und wir gingen essen. Ich fühlte mich wohl, konnte sein, wie ich bin, mich unverstellt zeigen und alles erzählen. Ich fühlte mich grundsätzlich verstanden. Im Anschluss an unser Date wollte er mich nach Hause bringen, und wir gingen zu seinem Auto. Es stand im Parkhaus auf dem Parkplatz mit der Nummer 2167, meinem Geburtsdatum. Was für ein interessanter »Zufall«, dachte ich. Für mich war dies ein Zeichen für unsere Verbundenheit.

Wenn dir ein Datum wichtig ist, z. B. das Datum, an dem du einen neuen Job beginnst oder das Datum, an dem du deinem Traumpartner das erste Mal begegnet bist, rechne die Ziffern dieses Datums zusammen. Dann erhältst du die Antwort auf die Frage, was es mit dieser Stelle oder diesem Date auf sich hat.

Worte und Gespräche

Manchmal bekommen wir ungewollt eine Unterhaltung mit, z. B. in der Bahn oder an der Supermarktkasse. Die Worte, die du hörst, sind ein Zeichen für dich. Was nichts mit dir zu tun hat, hörst du nicht. Wenn jemand telefoniert oder du versehentlich in eine Unterhaltung hineinplatzt, kannst du das Gehörte auf dich beziehen. Du merkst an deinem Gefühl, wofür die Worte ein Zeichen sind. Solche Gespräche spiegeln immer deine momentane Verfassung oder etwas, was in deinem Leben ansteht.

Wenn du gut drauf bist, wirst du vielleicht eine alberne Unterhaltung mitbekommen oder Gelächter bemerken. Das ist ein Zeichen für deine eigene Lebensfreude. Solltest du Zeuge eines Streits sein, frage dich, ob du möglicherweise nicht im Frieden mit jemandem oder mit dir selbst bist. Vielleicht schimpft jemand mit seinem Partner oder beschwert sich über jemand anderen. Dann bist du vielleicht auch unzufrieden mit einer anderen Person. In den meisten Fällen ist dies ein Zeichen dafür, dass du mit dir selbst unzufrieden bist.

Du kannst auch auf spezifische Inhalte der Unterhaltung achten. Vielleicht unterhält sich jemand mit seinem Vermieter. Frage dich, wie es um deine Wohnung oder deine Miete steht. Könnte bei dir ein Umzug, eine Reparatur oder die nächste Miete anstehen? Hörst du ungewollt ein Gespräch zum Thema Finanzen, z. B. mit einem Bankberater, mit? Frage dich, wo du selbst etwas mit deiner Bank zu klären hast oder ob es noch eine offene Rechnung gibt. Wenn du so ein Gespräch bemerkst, dann gilt es, dich wieder auf die Fülle zu konzentrieren: auf das, was in diesem Moment alles da ist, was du hast, wer du bist, auf die Schönheit und Fülle in deinem Leben.

Fundstücke

Oft gehen wir gedankenversunken durch die Welt. Wir schauen auf das Handy oder telefonieren und nehmen nichts von unserer Umgebung wahr. Wir sehen dann nicht, was vielleicht auf unserem Weg oder am Wegesrand liegt. Was wäre, wenn dort z. B. ein Glückslos mit dem Hauptgewinn liegen würde, das jemand verloren hat? Vielleicht finden wir auch einen anderen Schatz. Diese Zeichen zu sehen ist eine Frage der Achtsamkeit.

Beispielgeschichten

Letztens fand ich ein paar Arbeitshandschuhe auf dem Parkplatz. Nachdem ich mich kurz gewundert hatte, denn Arbeitshandschuhe findet man ja nicht alle Tage, war mir das Zeichen klar. »Brauche ich die Arbeitshandschuhe nicht mehr?« dachte ich sofort. Die Arbeit ist getan. Das Werk ist vollendet. Der Grundstein ist gelegt. (Selbstverständlich könnte dieses Zeichen auch bedeuten, die Arbeitshandschuhe anzuziehen und kräftig anzupacken. Es geht immer darum, was für den, der die Zeichen liest, stimmig ist. Trage, wenn du unterwegs bist, ein kleines Notizbuch bei dir. In diesem kannst du die kleinen und großen Zeichen, die dir begegnen, notieren. Wenn es dir einmal schwerfällt, die Zeichen zu sehen, dann kannst du in diesem kleinen Büchlein nachlesen. Auf diese Weise wird dein Energielevel angehoben, deine Freude wieder aktiviert. Dann wirst du auch die Zeichen besser sehen können, weil du gut drauf bist.)

Eines Tages fand ich beim Einkaufen im Regal des Supermarktes eine Brosche in Form eines Puzzleteilchens. Ich freute mich: »Wieder fügt sich ein Puzzleteilchen in meinem Leben ein. Das Puzzle erschließt sich mit jedem neuen Teil, um am Ende ein wunderschönes Bild zu ergeben.«

Auf dem Weg zur Bahn dachte ich gerade über eine Rechnung nach, als ich am Straßenrand eine leere Pfandflasche stehen sah. Ich dachte sofort: »Das Geld steht auf der Straße.«

Auf dem Heimweg sah ich einmal ein kaputtes Glas saure Gurken auf dem Weg liegen. Da musste ich lachen und freute mich innerlich, dass die Saure-Gurken-Zeit vorbei war.

An einem Kleidercontainer entdeckte ich einmal einen Wimpel mit der Aufschrift »Thüringen«. Sofort dachte ich an meine Heimat und an meine Wurzeln und freute mich darüber.

Jede Menge Glitzerherzen fand ich auch mal, als ich noch keinen Partner hatte. Auch da freute ich mich sehr, denn das zeigte mir, dass der perfekte Partner schon auf dem Weg zu mir war.

Innere Zeichen

Erkenne die Zeichen in dir

Innere Zeichen zeigen sich in dir als Gedanken und Gefühle sowie als körperliche Befindlichkeiten. Innere Zeichen sind die Sprache deiner Seele und stehen dir immer zur Verfügung. Sie sind anfangs jedoch sehr leise und unscheinbar.

In der Regel fällt es vielen Erwachsenen leichter, die äußeren Zeichen wahrzunehmen. Kleine Kinder hingegen hören instinktiv auf ihre innere Stimme. Wir Erwachsene haben das mit der Zeit verlernt. Wir ordnen unsere Bedürfnisse häufig den Anforderungen der Gesellschaft unter und verlernen, auf unsere innere Stimme zu hören. Doch du bist einzigartig – mit eigenen Bedürfnissen, eigenen Talenten und Gaben, die du mit der Welt teilen willst. Deine innere Stimme wird sich früher oder später melden, um dich daran zu erinnern. Mit etwas Übung gelingt es dir, sie wieder wahrzunehmen, egal, wie laut die Welt um dich herum ist.

Wenn du die inneren Zeichen nicht erkennst und ihnen entsprechend nicht folgst, wird deine innere Stimme lauter werden. Sie wird sich durch starke Gefühle wie Angst oder – in der positiven Entsprechung – Freude Gehör verschaffen. Auch in zweifelnden Gedanken kann sie sich äußern. Auf der körperlichen Ebene zeigt sie sich zunächst als Unwohlsein und später als ausgereifte Krankheit – oder positiv gesehen als Wohlgefühl. In letzterem Fall weißt du, dass du auf dem richtigen Weg bist.

Gefühle als Zeichen

Deine Gefühle sind Ausdruck deiner inneren Stimme, deiner Seele, des Lebens, des Universums, deiner Engel oder Gottes – je nachdem, woran du glaubst. Im Prinzip beschreiben diese Worte alle dasselbe. Wenn du deinen Gefühlen folgst, bist du immer auf dem richtigen Weg. Deine Gefühle sind deine Wegweiser. Fühlst du dich schlecht, halte inne, und frage dich, wieso du dich schlecht fühlst. Dann kannst du aufhören, das zu tun, was für dein schlechtes Gefühl verantwortlich ist. Fühlst du dich gut, mach weiter so. Alles, was dir Spaß macht, ist das Richtige für dich. Alles, wozu du dich zwingen musst, ist nicht das Richtige. Du wirst vielleicht sagen: »So einfach kann es nicht sein.« Doch meiner Erfahrung nach ist es wirklich so einfach.

Bestimmt hast du selbst schon erlebt, dass dein Gefühl dir unmittelbar vermittelt, ob etwas richtig oder falsch ist. Am auffälligsten ist es, wenn du eine neue Situation erlebst, an neue Orte kommst oder wenn du neue Menschen kennenlernst. Wenn du eine neue Arbeit beginnst, bist du sensibler für die Atmosphäre, die an deinem neuen Arbeitsplatz herrscht. Wenn du eine neue Wohnung betrittst, sagt dir dein Gefühl sofort, ob du dich dort wohlfühlen wirst. Auch wenn du einen potenziellen Partner triffst, fühlst du das sofort. Sobald jemand Gefühle in dir auslöst, seien sie positiv oder negativ, betrifft es dich. Und wenn es dich betrifft, kannst du es immer korrigieren. Das machst du zunächst bei dir selbst, indem du dich in den Gefühlszustand bringst, den du haben willst und indem du dich mit Dingen beschäftigst, die ihn erzeugen. Nehmen wir einmal an, du willst dich leicht fühlen, dann könntest du tanzen, hopsen, springen. Du könntest auch echten Ballast abwerfen, z. B. die Tasche, die du trägst, deine dicke Jacke. Auch das Ausmisten zu Hause wäre eine wirkungsvolle Tat. Willst du dich z.B. glücklich fühlen, dann beschäftige dich mit Dingen, die dich glücklich machen. Die Möglichkeiten sind vielfältig. Du weißt selbst am besten, was dich glücklich macht.

Wenn du das tust, wirst du staunen, denn deine Welt wird folgen. Zu allem, was sich für dich richtig anfühlt, kannst du eindeutig »Ja« sagen. Zu allem, was sich nicht gut für dich anfühlt, sagst du »Nein«. Es ist wirklich so einfach. Die meisten Menschen haben in ihrer Kindheit gelernt, sich anzupassen. Unser »Nein« wurde nachhaltig untergraben. Werde dir dessen bewusst, und du kannst dein »Nein« wieder geltend machen. Wenn deine Gefühle dir »Nein« sagen, ist das ein eindeutiges Zeichen. Dein inneres Navigationssystem sagt: »Da bitte nicht entlang.«

Sei nicht traurig, wenn du deinen Gefühlen bis jetzt nicht immer gefolgt bist. Das wird sich ab jetzt ändern. Es gibt keine Zufälle. Alles ist für etwas gut. Speziell in dieser Sache war es dafür gut, dass du dein »Ja« jetzt neu entdecken kannst und zugleich weißt, was ein »Nein« bedeutet. Schließlich könntest du zwischen beiden sonst nicht unterscheiden. Wir leben in einer Welt der Gegensätze. Durch das Eine können wir das Andere überhaupt erst wahrnehmen.

Deine Gefühle sind das Ergebnis deiner Gedanken.

BEISPIEL

Manchmal haben wir schon direkt vor dem Aufstehen negative Gedanken. Wir denken z. B.: »Ich habe keine Lust, schon wieder so früh aufzustehen und arbeiten zu gehen. Ich will lieber noch liegen bleiben.« Das kann der Beginn einer abwärts führenden Gedankenspirale sein, aus der wir dann so leicht nicht mehr herauskommen. Dieser folgen automatisch Gedanken wie »Immer muss ich arbeiten. Mein Job ist so anstrengend. Ich habe nicht genug Zeit für mich. Die Anderen haben es besser als ich. Die Nachbarin ruht sich den ganzen Tag aus. Die hat gut reden. Die soll erst mal das machen, was ich mache …«

Was erzeugt solche Gedanken? Richtig: schlechte Gefühle, Unlust, Frust und Wut. Wenn du in dieser negativen Gedankenspirale bleibst, geht es den ganzen Tag so weiter, und es geschehen Dinge, die dir deine negativen Gedanken immer wieder bestätigen. Wenn es dir jedoch gleich morgens gelingt, aus der Spirale auszusteigen, dich von den zerstörerischen Gedanken abzulenken, kann der Tag noch wunderschön, ja, erfolgreich werden. Dafür hat jeder – auch du – eine große Schatzkiste zur Verfügung. Sie ist voller Ideen dazu, wie du deine Gedanken in eine positive Richtung lenken kannst. Du könntest schöne Musik hören. Du könntest dich auf das konzentrieren, was du noch erledigen musst, wie Zähneputzen, Duschen oder Kaffee kochen. Kurz gesagt: Komme im Hier und Jetzt an.

Am besten ist es, wenn du schon mit guten Gedanken einschläfst. Das ist oft die Garantie, dass du auch mit guten Gedanken aufwachst.

ÜBUNG für den Abend

Gewöhne dir an, dich abends an die schönsten Momente und Erlebnisse deines Tages zu erinnern. Du wirst feststellen, dass diese Momente oft mit Menschen zu tun haben, die dir entweder eine Freude machten oder denen du eine Freude machen durftest. Du wirst bemerken, dass die Momente, in denen du dir selbst eine Freude machst, auch immer auf deiner Liste stehen. Du wirst noch einen tollen Nebeneffekt bemerken: Wenn du dir selbst eine Freude bereitest, möchten alle anderen dir auch eine Freude machen. Probiere es einfach aus – Worte ersetzen kein Erleben. Du wirst erstaunt sein, wie viele tolle Momente du erleben wirst.

Du kannst die Momente aufschreiben oder dir einfach ins Gedächtnis rufen, was dich heute besonders glücklich gemacht hat. Sage es laut oder leise für dich, und bedanke dich dafür. Wertschätze alle schönen Erlebnisse, die dir heute geschehen sind. Du kannst diese Momente auch in einem Video oder als Sprachnachricht festhalten und dir immer wieder anhören, wenn du dich mal nicht so gut fühlst. Das hilft dir, die negativen Gefühle loszulassen, und du wirst dich wieder gut fühlen.

Du kannst dieses Spiel gemeinsam mit den Menschen um dich herum – z. B. deinen Kindern, deinem Partner oder einem Freund/einer Freundin – spielen. Es wird richtig Spaß machen. Ihr könnt euch gegenseitig von den schönsten Momenten erzählen und euch miteinander freuen.

ÜBUNG für den Morgen

Bevor du aufstehst, bedanke dich für den neuen Tag. Sage dir: »Ich freue mich auf einen wundervollen Tag. Ich bin schon gespannt, welche Zeichen ich wieder bekomme und was ich heute Schönes erlebe.« Im Badezimmer kannst du weiter mit dir reden. »Danke für meine gesunden Zähne. Danke für das warme Wasser. Danke für meine Gesundheit.« Gib dem Wasser, mit dem du dich wäschst, einen Auftrag: »Wasser, wasche bitte alle meine schlechten Gedanken und Gefühle ab. Reinige meinen Körper und meinen Geist, damit ich erfrischt, fit und munter in den Tag starten kann.« Beim Toilettengang könntest du dir sagen: »Ich lasse alles los, was nicht Liebe ist.« Mische beim Kaffeekochen gedanklich einige Zutaten mit in die Kanne hinein, indem du vor dich hin sagst: »Liebe, Frieden, Freude, Energie, Power, Mut, Kraft.« Es geht so einfach, die guten Gedanken auf deine Seite zu holen. Dann bist du auch wieder offen dafür, das Schöne zu sehen, die Zeichen und Wunder in deinem Leben zu erkennen. Deshalb empfehle ich dir, morgens schon zu beginnen, deinen Tag bewusst zu gestalten.

Es ist deine Aufgabe, deinem Verstand die richtige Richtung zu geben, damit er dir dient. Er ist dazu da, zu denken, und er sucht immer nach Lösungen. Auf jede Frage sucht er Antworten. Stelle ihm deshalb die richtigen Fragen. Ihm ist es egal, ob du fragst »Warum habe ich keine Lust, arbeiten zu gehen?« oder ob du fragst »Womit kann ich heute jemandem eine Freude machen? Was kann ich heute tun, um Spaß zu haben?« Er findet garantiert Antworten. Dazu ist er da. Warum also nicht gleich Fragen stellen, deren Antworten dir helfen, dich gut zu fühlen?

Gefühle sind ein wahres Wunderwerk des Lebens. Sie sagen dir genau, was richtig für dich ist. Deine früheren Gedanken, Gefühle und Handlungen bestimmen alles, was jetzt in diesem Moment ist. Wenn du jetzt Menschen oder Erlebnisse in deinem Leben hast, mit denen du dich unwohl fühlst, dann weißt du, worauf du deine Aufmerksamkeit in der Vergangenheit gerichtet hattest. Jetzt gilt es, dir bewusst zu werden, was du stattdessen willst. Erkenne, was dir ein gutes Gefühl gibt. Finde Menschen, in deren Gegenwart du dich wohlfühlst. Tue Dinge, die dich begeistern und inspirieren. Diese werden deine Zeichen sein. Oft sehen wir etwas, was wir uns wünschen, zunächst in unserem Umfeld, bei den Menschen in unserer Umgebung. Das ist bereits ein sehr gutes Zeichen, denn wenn du deinen Wunsch bei anderen siehst, wird er sich bald auch für dich erfüllen.

ÜBUNG: Negative Gefühle in positive verwandeln

Erster Schritt: Wahrnehmen.

Fühle das Gefühl, ohne es wegzudrücken. Es darf da sein.

Zweiter Schritt: Akzeptieren

Im Moment ist es so, wie es ist, und das hat eine Ursache, einen Grund.

Dritter Schritt: Neue Version

Überlege dir: Was will ich stattdessen?

Vierter Schritt: Glücklichsein

Lasse das Gefühl gehen, sei glücklich, spiele, tue Dinge, die dich erfüllen. Richte deine Aufmerksamkeit auf Positives, auf das, was dir Spaß macht.

BEISPIEL: Liste mit Dingen, die glücklich machen

- anderen Menschen helfen, sie motivieren
- lustige Filme anschauen
- basteln, malen, singen
- fotografieren
- schwimmen
- Sport machen
- Auto fahren
- Fahrrad fahren
- baden
- Zeit in der Natur verbringen
- gesundes Essen
- »Happy Food« (z. B. Schokolade, Zitrusfrüchte etc.)
- shoppen gehen
- schöne Dinge anschauen
- Farben
- die Nähe zu einem anderen Menschen spüren
- sich treiben lassen

ÜBUNG

Finde deine eigenen »Glücklichmacher«. Schreibe sie einzeln auf kleine Zettel, und suche eine schöne Dose dafür, eine Schatztruhe z. B. Wenn wieder einmal ein negatives Gefühl auftaucht, wandle es um. Ziehe einen Glückszettel aus der Schatztruhe und mache das, was darauf steht. Auf dem Zettel wird immer das Richtige für diesen Moment stehen. Das Gesetz der Resonanz legt dir in jedem Moment den »Glücklichmacher« in die Hand, der zu diesem Zeitpunkt am besten passt.

EXKURS: NEID ALS BESONDERES GEFÜHL

Neid ist ein besonderes Gefühl, denn es zeigt dir das Potenzial, das in dir schlummert. Neid ist ein klares Zeichen dafür, dass du dir das, worauf du neidisch bist, selbst wünschst. Dabei ist der einzige Grund, warum du es selbst noch nicht hast, der Neid auf jene, die schon haben, was du möchtest. Dieses Gefühl ist genau das, was die Erfüllung deines Wunsches verhindert, denn du verbindest unterbewusst ein schlechtes Gefühl mit der Sache.

Was du noch nicht weißt: Das, was du gerne hättest, ist bereits in deinem Leben und will sich zeigen. Sonst würdest du es nicht bei einem anderen sehen können. Du kannst Schönheit nur sehen, wenn sie auch in dir ist. Du kannst die Liebe eines verliebten Paares nur sehen, wenn du selbst Liebe in dir hast. Du kannst den Reichtum anderer nur sehen, wenn er schon auf dem Weg zu dir ist. Nutze dein Gefühl als Zeichen, und erkenne, dass dein Wunsch sich bereits erfüllt.

Wenn du neidisch bist, fühlst du dich nicht gut. Du gehst wahrscheinlich davon aus, dass andere auch auf dich neidisch sein könnten, wenn du etwas besitzt oder erreichst, was sie sich auch wünschen. Das möchtest du natürlich nicht. Auch diese Einstellung kann dich von der Erfüllung deiner Ziele und Wünsche abhalten.

Ein häufiger Grund, warum sich Wünsche nicht erfüllen, ist, dass wir uns selbst klein machen. Wir leben nicht unser volles Potenzial, weil wir nicht über geliebten Menschen stehen wollen. Dass wir für andere ein Vorbild sein können, erkennen wir möglicherweise nicht. Du hast wahrscheinlich nicht gelernt, dass du durch dein Licht, durch deine verwirklichten Wünsche andere inspirierst. Neid ist versteckte Anerkennung. Freue dich für andere, wenn sie schon haben, was du anstrebst. Sieh darin das Zeichen, dass es auf dem Weg zu dir ist oder schon da ist und sich jetzt zeigen darf.

BEISPIEL

Nehmen wir einmal an, du hast eine Kollegin, von der alle begeistert sind. Sie hat immer gute Laune und bringt alle zum Lachen. Noch dazu ist sie sehr hübsch. Du denkst: »Was spielt sie sich wieder auf, will sie wieder im Mittelpunkt stehen.« Du erinnerst dich daran, dass du früher immer die Person warst, die gute Stimmung verbreitet hat. Wo ist dieses lustige Ich nur geblieben? Krampfhaft versuchst du, es wieder zum Leben zu erwecken, aber das gelingt dir nicht, denn jetzt steht ja die Kollegin im Mittelpunkt. Du bist neidisch und grollst. So wirst du es nicht wiederfinden, das lustige Ich. Der Neid hält es von dir fern. Du darfst dich liebevoll fragen: »Warum traue ich mich nicht mehr, mein frohes Ich zu leben?« Vielleicht wurde es dir früher verboten, weil es deinen Mitmenschen damals nicht passte, weil auch sie neidisch waren und ihr eigenes fröhliches Ich nicht lebten …

ÜBUNG

Finde Antworten auf die Fragen:
Wie kann ich wieder fröhlicher sein? Wo kann ich mehr in mir selbst ankommen und all meine Freude wieder mehr leben? Wo kann ich mir erlauben, im Mittelpunkt zu stehen und überhaupt zu mir zu stehen und so zu sein, wie ich bin, mit all meinen Facetten? Wie kann ich meine eigene Schönheit wiedererkennen? Wie kann ich meine eigene Gabe, andere glücklich zu machen, wieder leben? Wie kann ich mich so zeigen, wie ich bin? Wie kann ich Bewunderung annehmen und vor allem mich selbst bewundern?

Träume

Träume werden von uns Menschen schon immer als Zeichen wahrgenommen. Wenn wir uns am Morgen an einen Traum erinnern, der uns aufgewühlt hat, dann fragt sich fast jeder, was er bedeutet. Im Traum erreichen uns Gefühle, Erinnerungen und Erlebnisse aus dem Unterbewusstsein, die wir normalerweise im Tagesbewusstsein nicht wahrnehmen, weil sie von unseren Gedanken überlagert werden. Unser ganzes Sein wird jedoch aus der tiefer liegenden Ebene, dem Unterbewusstsein gesteuert. Danach denken und handeln wir.

Das Unterbewusstsein ist, genau wie der Verstand, vergleichbar mit einer Computer-Festplatte. Die Programme müssen erst aufgespielt werden – bei Menschen geschieht das zumeist in der Kindheit. Bis wir sechs Jahre alt sind, ist unser Verstand, der spätere Wächter, noch nicht so aktiv, und alles gelangt ungefiltert in unser Unterbewusstsein. Das ist einerseits gut, denn in dieser Zeit erlernen wir die wichtigsten Fähigkeiten, um zu überleben. Leider gelangen aber auch die Programme und Überzeugungen der Menschen in unserem Umfeld ungefiltert in unser Unterbewusstsein. Diese sind manchmal nicht sehr förderlich. Niemand weiß genau, welche Programme gespeichert sind. Sie sind aus unseren Erlebnissen entstanden, aus den Gefühlen, die wir dabei hatten und auch aus Gefühlen, die unser enges Umfeld hatte. Du kannst es dir so vorstellen, als würdest du einen neuen Computer kaufen: Nur das Betriebssystem ist installiert. Auch beim Menschen sind die Urprogramme wie Atmen, Essen und Trinken bereits da. Alles andere wird erlernt, aufgespielt auf die noch neue, frische Festplatte. Mit diesen Programmen »läuft« dein Leben. Ebenso wie du einen Computer für das nutzt, was du brauchst, so nutzt du auch dein Gehirn. Du weißt nicht, wie die Programme entstanden sind und was überhaupt programmiert wurde. Du nutzt es einfach. Du fragst dich erst, warum, wenn etwas nicht funktioniert.

Die wichtigste Botschaft, die dir im Traum gegeben wird, erhältst du über dein Gefühl. Hast du dich im Traum gut oder schlecht gefühlt? Wenn du dich gut gefühlt hast, dann hat der Traum dir etwas über deine Möglichkeiten, dein höchstes Potenzial, das Licht in dir vermittelt. Hast du dich erschrocken oder unwohl gefühlt? Dann sagt dir der Traum etwas über deine Ängste, die noch tief in dir schlummern und erlöst werden wollen.

Beispielgeschichte

Vor längerer Zeit wachte ich morgens mit einem klaren Bild meines Traumes auf. Ich war mit meinem Liebsten auf einer Lesung, die sich erst als solche herausstellte, als der Autor die Lesung beendet hatte und die signierten Bücher auf den Tischen verteilte. Ich wunderte mich noch, dass ich gar nichts von dem Gelesenen wahrgenommen hatte. Es gab zwei Gruppen von Hörern, Franzosen, die in den hinteren Reihen saßen, und Deutsche, die ganz vorne saßen. Der Autor schien das Buch zweisprachig verfasst zu haben. Interessant war auch, dass ich, als ich für das Buch bezahlen wollte, nicht an den Autor herankam und nicht wusste, wem ich das Geld stattdessen geben sollte. Dann gingen alle. Eine riesige Traube von Menschen verließ den Raum. Ich hatte kaum etwas mitbekommen, weder den Inhalt des Buches, noch die Autogrammstunde oder die anschließenden Gespräche. Es gab noch eine Party auf einer Art Fußballfeld, doch alles verlief sich, weil das Feld so groß war. Ich suchte immer noch den Autor, um ihm das Geld für das Buch zu geben. Ich fand ihn nicht, und überhaupt kam ich zu allen Angeboten zu spät.

Am nächsten Morgen wachte ich zwar gut gelaunt auf, war aber total verwirrt. Ich hatte mein Ziel im Traum nicht erreicht. Ich war herumgeirrt und immer knapp am Wesentlichen vorbeigelaufen. Ich hatte meinen Schatz dabei, nahm ihn aber nicht wahr, weil ich immer irgendetwas oder irgendjemandem hinterherlief. Ich wollte bezahlen, konnte aber nicht. Das könnte bedeuten, dass ich die Geschenke des Lebens nur schwer annehmen kann. Die zwei Nationalitäten auf der Lesung könnten ein Hinweis darauf sein, mein eigenes Buch in eine andere Sprache zu übersetzen. Ich bekam im Traum auch nichts richtig mit. Das konnte ich durchaus auf mein Leben beziehen. Die Botschaft für mich war:

Ich darf …

- … im Hier und Jetzt ankommen.
- … zuhören.
- … die Geschenke annehmen.
- … nur zahlen, wenn es verlangt wird.
- … meinen Liebsten annehmen, wahrnehmen.
- … die Erlebnisse auf mich zukommen lassen.
- … das Leben genießen.

Liebe und Partnerschaft

Oft fragen wir uns: »Ist er oder sie der oder die Richtige?« Im Grunde genommen ist der Mensch an deiner Seite immer der Richtige – so lange, wie er da ist. Du kommst mit seiner Hilfe auf deinem Lebensweg weiter. Dein Partner erzählt dir etwas über dich selbst. Durch ihn erfährst du, was du über Beziehung und Partnerschaft glaubst. Du erlebst oft genau das, was du bis jetzt in deinem Umfeld erfahren hast. Dein Partner kann immer nur so sein, wie du denkst, dass er oder sie ist. Wenn du z. B. das Bild verinnerlicht hast, dass ein Mann nur dafür zuständig ist, das Geld nach Hause zu bringen, und die Frau für den Haushalt, dann wirst du dieses Bild auf deinen Partner übertragen und er wird, selbst wenn er nicht so denkt, diese Rolle einnehmen. Oder du ziehst direkt einen Partner an, der in dieses Bild passt. Dann wird ein Mann beispielsweise nichts im Haushalt machen, weil du ihm unbewusst alles abnimmst. Dein Partner zeigt dir immer auch, wie sehr du mit dir und mit der Welt in Frieden bist. Und er zeigt dir vielleicht auch Seiten von dir, die du selbst nicht wahrhaben willst.

Beispielgeschichte

Eines Tages holte mich mein Liebster von der Bahn ab. Ich kam gerade von der Arbeit und war ziemlich müde und erschöpft. Eigentlich ist er immer sehr nett und zuvorkommend, trägt meine Taschen und hilft mir, wo er nur kann. Aber an diesem Tag war es anders. Er ließ mir nicht den Vortritt, wie ich es von ihm gewohnt war. Stattdessen lief er vorneweg und wartete nicht auf mich. Auch meine Taschen durfte ich allein tragen. Meine Füße taten weh, und ich kam nicht hinterher. Ich versuchte, mit ihm Schritt zu halten, was mir aber nicht gelang. Sagen wollte ich aber nichts. Ich wunderte mich sehr, dass er es nicht von selbst bemerkte. Schließlich gab ich auf und blieb stehen. Es gab eine kleine Auseinandersetzung.

Dieses Erlebnis war ein Zeichen für mich, zu reflektieren: »Wobei hetze ich mich selbst? Wobei schone ich mich selbst nicht? Wobei halte ich mich nicht an meine Geschwindigkeit?«

Vielleicht zeigt dir dein Partner auch etwas, was du verurteilst. Vielleicht willst du etwas erleben, aber dein eigenes Urteil hält dich davon ab? Oder erlebst du eine ähnliche Beziehung wie die deiner Eltern?

ÜBUNG

Notiere für dich:

Welche Partnerschaft wünsche ich mir?

Wie soll meine Partnerschaft sein?

Welche Gefühle will ich in Bezug auf meine Partnerschaft haben?

Schreibe alles auf, fange an zu träumen.

Dann schreibe auf:

Wie verläuft meine Partnerschaft ganz real in meinem Leben?

Was kann ich selbst ganz praktisch tun, damit sich etwas ändert?

Fange bei dir an.

Frage dich:

Was bin ich bereit, selbst zu geben?

Was bin ich bereit, zu tun?

Wie will ich ab jetzt sein?

Am besten ist es immer, wenn du ganz du selbst bist. Wenn du weißt, wer du bist, dann kommt auch ein Partner, der zu dir passt. Dabei helfen dir die Zeichen. Beginne damit, dich dir selbst gegenüber so zu verhalten, wie du gerne behandelt werden möchtest. Dann kannst du auch mit deinem Partner so umgehen. Auch da gibt es einen alten Spruch, der immer noch Bedeutung hat:

»Was du nicht willst, das man dir tu, das füg auch keinem andern zu.« (Volksweisheit)

Beginne damit, dich selbst zu verstehen, genauso wie du selbst verstanden werden möchtest. Dann verstehst du automatisch auch deinen Partner. Fange an, dich selbst zu loben, denn du machst alles einfach toll. Du bist toll. Du bist liebenswert, und du bist ein riesiges Geschenk für dich und deine Mitmenschen. Erkenne deinen eigenen Wert.

ÜBUNG

Schreibe auf, warum du liebenswert bist. Warum bist du wertvoll und ein Geschenk für die Welt und deine Mitmenschen?

Durch diese Übung wächst dein Selbstbewusstsein. Du wirst dir bewusst, wie großartig du bist. Weil du deinen eigenen Wert jetzt besser siehst, wirst du auch den Wert deines Partners erkennen. Du wirst dir bewusst, warum er für dich bisher so sein musste, wie er war. Er war für dich so, damit du erkennen konntest, wie du möglicherweise nicht mehr sein willst, was du nicht mehr erleben willst. Indem du dich änderst, ändert sich dein Partner auch.

Es gibt auch Partnerschaften, bei denen es besser sein kann, loszulassen. Das könnte beispielsweise der Fall sein, wenn Süchte im Spiel sind. Diese zeigen dir allerdings immer auch deine eigene Sucht nach etwas auf, beispielsweise die Sucht nach Anerkennung, die Sucht nach Konsum, die Sucht nach Essen. Solche Süchte bedeuten Ablenkung von dir selbst. Erkenne sie, und lerne daraus. Entscheide dich neu. Du brauchst sie jetzt nicht mehr, denn du hast schon alles, was du suchst.

Erlebnisse

Erlebnisse, die in dir wiederholt negative Gefühle erzeugen, sind Zeichen. Wenn du eine Situation immer wieder als unangenehm empfindest, bedeutet das, dass du in deiner Vergangenheit etwas erlebt hast, womit du noch nicht im Frieden bist. Es wird dich so lange verfolgen, bis du verstanden hast, was es dir sagen will. Du kannst dich dann fragen, wofür dieses Erlebnis gut war. Meistens lösen solche Erlebnisse große Veränderungen in unserem Leben aus, die wir ohne das Erlebnis nie vollzogen hätten.

BEISPIEL

Du hast eine Arbeitstelle, an der es dir einfach nicht mehr gefällt. Du fühlst dich sehr unwohl, weil dein Chef dir immer die Aufgaben gibt, die du überhaupt nicht gerne machst. Überhaupt hat er einen Ton an sich, der bei dir direkt alle Alarmglocken läuten lässt, sodass du dich zusammenreißen musst, ihm nicht die Meinung zu sagen. Noch dazu verwendet er sehr oft die Worte »Du musst«. Sobald diese Worte fallen, siehst du rot. Du bist wütend und weißt nicht, wie du deine Gefühle in den Griff bekommen sollst. Du kennst diese Art aus deiner Kindheit von einem Lehrer oder einer anderen Autoritätsperson. Im schlimmsten Fall kreisen deine Gedanken den ganzen Tag darum, und abends liegst du mit Kopfschmerzen im Bett. Irgendwann denkst du trotzig, nachdem du dich hunderte Male darüber aufgeregt hast: »Ich muss gar nichts.« Da fällt es dir wie Schuppen von den Augen: »Ja, ich muss wirklich gar nichts.« Zuerst denkst du noch: »Wenn ich mit den Konsequenzen zurechtkomme.« Mit der Zeit fällt auch dieser Gedanke von dir ab. Du merkst, wie du immer gelassener auf deinen Chef reagierst. Die Zeiten sind vorbei, in denen du etwas musstest, denn du bist erwachsen, und du bestimmst allein dein Leben. Was kann schlimmstenfalls geschehen? Er könnte dir kündigen. Aber das wäre gar nicht so schlimm, stellst du vielleicht fest. Dann würdest du eine neue Arbeit finden, die besser passt.

Oder dein Chef beginnt, sich dir gegenüber anders zu verhalten, weil er weiß, dass seine Worte bei dir nicht mehr ziehen. Mit seiner unangenehmen Art ist dein Chef gut für deinen Lebensweg. Er bewirkt, dass du dich mit dem Thema auseinandersetzt und die Verknüpfung zu einem früheren Erlebnis erkennst. Du wirst gelassener und lebst dein Leben selbstbestimmter. Du kannst Frieden mit dir, dem alten Lehrer und mit dem Chef schließen. Vielleicht erkennst du, dass ein anderer Job besser zu dir passt. Möglicherweise gelingt dir jetzt der Absprung von einer Arbeitsstelle, die sowieso nicht mehr zu dir passt. Ohne die unangenehmen Erlebnisse durch den Chef würdest du das vielleicht nicht schaffen.

Jedes Erlebnis bringt dich ein Stück weiter auf dem Weg zu der großartigen Person, die du schon bist, die du aber noch nicht ganz auslebst. Auch Erlebnisse, die positiv waren und die gute Gefühle in dir erzeugen, sind Zeichen.

Beispielgeschichte

Als Kind sang ich auf dem Weg zum Kindergarten immer vor mich hin. Eigentlich sang ich immer und überall. In der kleinen Siedlung, in der ich mit meinen Eltern wohnte, war ich schon dafür bekannt. Später auf dem Weg zur Schule ging das so weiter. Wenn ich dann an den Bänken vor dem Lebensmittelladen vorbeikam, saßen dort die älteren Leute. Jedes Mal hielten sie mich an und wünschten sich, dass ich ihnen etwas vorsinge. Das erzeugte in mir direkt zwei schöne Gefühle. Ich sang gerne und bekam dafür auch noch Bonbons als Belohnung. Ich hatte also den Dreh raus und bekam für das, was ich am liebsten tat, Belohnungen. Dazu bekam ich das Geschenk, anderen eine Freude zu machen, und ich erhielt Anerkennung für meine liebste Freizeitbeschäftigung.

Dieses Erlebnis war für mich ein Zeichen dafür, was mich glücklich macht und womit ich auch anderen Freude machen könnte – auch heute noch im Erwachsenenalter. Die Erlebnisse, mit denen du positive Gefühle verbindest, kannst du als Tor für weitere tolle Erlebnisse benutzen, indem du öfter das machst, was sich gut anfühlt.

Krankheit als Zeichen

Fühlst du dich in der Regel gesund und glücklich? Prima! Dann läuft dein Leben so, wie es laufen soll. Fühlst du dich oft müde und erschöpft? Dann ist das ein Zeichen, etwas in deinem Leben zu ändern. Es könnte bedeuten, dass du mehr Schlaf brauchst oder dir mehr Ruhe gönnen solltest. Die Zeichen wahrzunehmen, ist nur der Anfang. Ab dann gilt es, ihnen entsprechend zu handeln. Vielleicht beschäftigst du dich auch zu viel mit Dingen, die deine Energie in die falsche Richtung lenken. Erschaffe dir ein Umfeld, das dir mehr Energie gibt, und nimm dir öfter Zeit für Dinge, die du gerne tust.

Wenn du krank wirst, dazu zählt auch eine kleine Erkältung, dann erkenne das Zeichen, dass etwas schief läuft. Eine Erkältung kommt z. B., wenn du überfordert bist und dir alles zu viel wird. In der Regel sagt dir jedes Krankheitssymptom, dass du dir Zeit für dich selbst nehmen darfst. Es bedeutet, dass du einen Schritt kürzer treten solltest. »Ja«, wirst du sagen, »aber wenn mich jemand anhustet, dann werde ich angesteckt.« Das wird nicht geschehen, wenn du erstens nicht daran glaubst und zweitens, wenn du in deiner vollen Kraft und Energie bist. Denn normalerweise hast du ein ausgeprägtes Immunsystem und bleibst immer gesund, egal, wie krank die Menschen in deiner Umgebung sind.

BEISPIEL: Niesen

Ein Niesen kannst du – statt als Zeichen für eine Erkrankung – auch als Bestätigung eines gedachten Gedankens auffassen. Anstatt zu denken »Hoffentlich werde ich jetzt nicht krank« könntest du dir bewusst machen, was du gerade gedacht oder gemacht hast und dir sagen: »Habe ich wieder recht!« Vereinzelten Menschen ist die alte Redewendung »Haste recht« noch geläufig.

Oft geschieht so ein Niesen unbewusst, und es wird ihm meist nicht so viel Aufmerksamkeit geschenkt. Da muss schon ein dreifaches Niesen kommen, das uns gewaltig erschüttert, damit wir es bemerken. Ich empfehle, jedem noch so kleinen Niesen eben doch Bedeutung zuzugestehen. Ein Niesen kann ein kleines Zeichen sein, dem größere Hinweise folgen könnten, wenn du es nicht beachtest. Es könnte auch sein, dass du ein lautes Niesen von draußen hörst. Auch das kann ein Zeichen sein.

Wenn du die kleinen Tipps und Hinweise siehst, kannst du dir viele Umwege ersparen.

Die meisten Menschen glauben bei einem Niesen höchstens daran, dass sich eine Erkältung anbahnt. Selbst wenn das Niesen dafür ein Zeichen wäre, könntest du jetzt, in diesem frühen Stadium, innehalten und dich fragen »Wo wird es mir gerade alles zu viel?« und die Erkältung abwenden.

Um herauszufinden, was ein Zeichen bedeutet, schaue dir den betroffenen Körperteil an, und überlege dir, wofür er steht.

BEISPIEL: Husten

Ein Husten ist dem Halsbereich zuzuordnen. Der Hals hat immer etwas mit Kommunikation zu tun. Du könntest dich fragen »Was traue ich mich nicht, zu sagen?« oder »Was habe ich gesagt, was mich oder eine andere Person verletzt hat?«. Wenn ich husten muss, überlege ich noch einmal, was von dem, was ich sagen wollte oder sogar schon gesagt habe, nicht in Übereinstimmung mit dem war, was ich erleben will. So ist für mich kein einziger Husten mehr ein Zeichen für eine drohende Erkältung oder Grippe.

BEISPIEL: Symptome am Bein

Die Beine dienen der Fortbewegung. Wir stehen darauf, wir tanzen mit ihrer Hilfe, und sie tragen uns. Also stelle dir die Frage: »Wie stehe ich im Leben? Wie gehe ich durchs Leben? Komme ich nicht von der Stelle? Oder gehe ich in die falsche Richtung? Wo gehe ich nicht meinen eigenen Weg? Was genau kann ich nicht mehr mit den Beinen machen? Was genau wollen sie mir sagen?«

Wenn du z. B. dein Knie nicht mehr beugen kannst, könntest du dich fragen: »Wo kann ich mich im Leben nicht beugen oder wo fällt es mir schwer, nachzugeben, etwas einzusehen?« Die Beine können auch – ganz einfach übersetzt – ein Zeichen sein, sich mehr zu bewegen. Wenn es dich betrifft, weißt du, worum es geht.

WEITERE BEISPIELE

Kopf: betrifft das Denken. Was denke ich? Denke ich möglicherweise nicht gut. Oder denke ich zu viel?

Ohren: betreffen das Hören. Was höre ich? Was will ich nicht hören?

Nase: betrifft die Selbsterkenntnis und das Riechen. Was will sich mir über mich offenbaren? Wen kann ich »riechen«, wen nicht?

Mund: betrifft das Schmecken, auch das Reden. Was schmeckt mir oder schmeckt mir nicht (gefällt mir oder nicht)? Was will ich sagen? Sollte ich das möglicherweise noch einmal überprüfen?

Gesicht: betrifft immer das Gesicht, das wir der Welt zeigen. Wo zeige ich nicht mein wahres Gesicht, wo trage ich eine Maske?

Nacken: betrifft die körperliche Beweglichkeit sowie die Beweglichkeit im Denken (sinnbildlich gesehen). Wo sehe ich die Sache nur einseitig? Wo könnte ich eine neue Sichtweise zulassen?

Hals: betrifft die Kommunikation. Was habe ich gesagt? Was wollte ich sagen, sollte ich aber vielleicht nicht? Was hat der andere gesagt, womit ich nicht einverstanden bin?

Brust: betrifft die Weiblichkeit oder eine weibliche Person in deinem Leben. Wo gibt es einen Konflikt mit meiner eigenen Weiblichkeit oder einer anderen weiblichen Person? Wie kann ich meine eigene Weiblichkeit mehr leben, die Göttin in mir zum Leben erwecken?

Bauch: steht für die Intuition. Was will meine innere Stimme mir sagen?

Knie: stehen für das Ego, den Stolz, die Unbeweglichkeit, auch im Denken oder im Leben? Wie kann ich die Sache noch sehen?

Füße: stehen für deinen Gang durchs Leben. Bin ich noch auf dem richtigen Weg, oder mache ich Umwege?

Arme: stehen für Anpacken, Tun, Tragen, Heben. Wie kann ich mein Leben oder eine Sache besser anpacken, wie kann ich ins Handeln kommen? Wo sollte ich mal ausruhen, nichts tun?

Hände: stehen für das Fassen, Erfassen, Streicheln, Tasten. Was genau kannst du nicht mehr machen (sinnbildlich)?
Knochen: betreffen das Gerüst deines Lebens. Was bringt mein Gerüst zum Wackeln? Welches Erlebnis hat es erschüttert?
Rücken: betrifft das Thema Unterstützung. Welche Last trage ich in meinem Leben? Trage ich vielleicht zusätzliche Päckchen von jemand anderem?
Herz: ist der Motor des Körpers, steht für die Liebe. Liebe ich mich, meinen Körper, das Leben? Werde ich geliebt?
Lunge: steht für das Atmen, auch für den Lebensatem. Wo treffe ich auf Widerstand, wehre ich mich gegen das Leben? Wo nehme ich die Natur, die Schönheit, das Leben nicht wahr? Wie kann ich es mehr schätzen?
Nieren: betreffen die Themen Reinigung und Entgiftung. Wo vergifte ich mich selbst? Welches Essen, welche Gedanken sind nicht gut für meinen Körper?
Darm: steht sinnbildlich für Thema Loslassen. Woran in meinem Leben halte ich fest, was bereits vorbei ist oder gehen will?
Magen: betrifft die leichte oder schwere Kost (auch Gedanken oder Worte). Welches Essen vertrage ich nicht? Wie kann ich mich gesünder ernähren? Was kann ich nur schwer verdauen?
Leber: wandelt die Nahrung in für den Körper wichtige Stoffe um. Wie wandele ich die Informationen, die Erlebnisse in für mich glückliche Gedanken und Handlungen um?
Brüche: stehen für einen Bruch mit dem Leben, mit Personen, Orten, Geschehnissen. Wo in meinem Leben gibt es einen Bruch und kein Zurück? Welche neuen Wege darf ich gehen?
Linke Körperseite: steht für die Weiblichkeit und für die Innenwelt. Wo gibt es einen Konflikt mit meiner eigenen weiblichen Seite oder mit einer weiblichen Person in meinem Leben? Was sehe

ich in meiner Gefühlswelt nicht? Welche Antwort gibt meine innere Stimme?

Rechte Körperseite: steht für die Männlichkeit oder die aktive Seite, das Tun. Wo gibt es einen Konflikt mit einer männlichen Person in meinem Leben, oder mit meiner eigenen männlichen Seite? Wo kann ich aktiv werden, ins Tun kommen?

Daumen oder großer Zeh: steht für Druck, Intellekt, Sorgen. Wo mache ich mir oder anderen Druck?

Zeigefinger oder zweiter Zeh: steht für das Ego, Angst. Auf wen zeige ich? Auf mich oder die anderen?

Mittelfinger oder mittlerer Zeh: steht für Wut, die Sexualität. Bin ich auf mich oder andere wütend?

Ringfinger oder Ringzeh: steht für Verträge oder Trauer. Welcher Vertrag ist abgelaufen? Welchen Vertrag sollte ich abschließen? Wo trauere ich jemandem oder etwas hinterher?

Kleiner Finger oder kleiner Zeh: steht für Kreativität, aber auch die Familie und die Rollen, die wir in unserem Leben spielen. Lebe ich nur einseitig, kommt die Kreativität zu kurz? Welche Rolle spiele ich?

Mitte: steht für Schuldgefühle. Wo fühle ich mich schuldig? Wo gebe ich jemand anderem die Schuld?

Oben: steht für emotionale Unterstützung. Wo fehlt mir die emotionale Unterstützung? Wie kann ich mich selbst unterstützen, mich loben, mich feiern, mich anerkennen?

Unten: steht für Geldsorgen. Wie kann ich mehr Vertrauen in die finanzielle Versorgung haben? Was kann ich selbst tun, um die Sorgen loszulassen?

EXKURS: MISSGESCHICKE UND UNFÄLLE

Nicht nur die großen Unfälle, sondern auch die kleinen Ausrutscher können Zeichen für dich sein: wenn du dir den kleinen Zeh stößt, eine Tasse fallen lässt, mit einem anderen Menschen zusammenstößt, stolperst, dir in den Finger schneidest oder auch nur die Suppe versalzt. Kurz gesagt sind alle kleinen und größeren Missgeschicke und Unfälle Zeichen. Wenn wir die kleinen schon beachten, dann werden wir von den großen verschont. Zuallererst ist jedes noch so kleine Missgeschick ein Zeichen an uns, achtsamer zu sein. Wenn dir das bewusst wird, kannst du dich fragen: Was habe ich gerade gedacht? Wobei hat mich das Missgeschick unterbrochen? Was genau ist passiert? Welches Körperteil ist betroffen? Die Antworten auf diese Fragen helfen dir bei der Übersetzung des Zeichens.

Wenn wir schon die kleinen Zeichen beachten, gibt es keine großen Katastrophen mehr.

BEISPIEL

Es ist Wochenende, und nach einer anstrengenden Arbeitswoche bist du ausgepowert und willst dich einfach nur ausruhen und gar nichts machen. So beschließt du, dir noch einen Kaffee zu kochen und dich dann zu entspannen. Da stolperst du und stößt dir den kleinen Zeh am Stuhl, und dadurch fällt auch noch dein schönes grünes Lieblingswasserglas um und zerbricht. Zuerst fluchst du, aber kurz danach musst du lachen. »Ich habe ja noch andere grüne Wassergläser«, sagst du dir. Dem Zeh geht es auch wieder ganz gut. Du erkennst ein Zeichen, das dir das Universum geschickt hat. Es ist anderer Meinung als du und will, dass du etwas Kreatives machst, anstatt dich auszuruhen. Der kleine Zeh steht für Kreativität. In so einer Situation kannst du dich fragen, ob du ein Projekt hast, das deine Kreativität erfordert und für das dir während der Arbeit die Zeit fehlt. Widme dich diesem nun, und nutze die freie Zeit. Das heißt nicht, dass du dich nicht ausruhen darfst, aber bringe erst dein Projekt voran, und entspanne dich später.

Es ist schon grandios, wie wir zu den Dingen geführt werden, die wichtig für uns sind. Du bist vielleicht nicht jeden Tag im »Flow« und glaubst, keine Zeit für etwas zu haben, was dir wichtig ist. An so einem Tag ist es besonders wichtig, die Zeichen zu erkennen. In unserem Beispiel könnte das Glas ein Zeichen für dich sein, dass Geld kommen wird. Der angestoßene kleine Zeh bedeutet, dass du dir wieder einmal Zeit für deine Kreativität nehmen sollst.

Visionen und Wünsche manifestieren

Ziele erreichen mithilfe der Zeichen

Es gibt Momente im Leben, da fühlst du dich noch nicht richtig angekommen. Du weißt, das war noch nicht alles, was du in deinem Leben machen wolltest. Du weißt, da kommt noch mehr. Vielleicht hast du auch schon eine Idee oder mehrere. Bestimmte Sachen interessieren dich. Auf magische Weise fühlst du dich davon angezogen, sie wecken immer wieder deine Neugier. Du weißt vielleicht noch nicht, wie du noch mehr davon in dein Leben holen kannst. Das brauchst du auch nicht zu wissen. Tu einfach in deiner Zeit mit den Mitteln, die du hast, das, was du kannst. Nur das »Was« ist wichtig, das »Wie« wird sich zeigen. Wahrscheinlich kannst du es nicht erwarten, dass sich deine Wünsche erfüllen, dass du dein Ziel erreichst. Um diese Wartezeit zu überbrücken, um dich selbst auf dem Glückslevel, auf dem du die Erfüllung deines Zieles empfängst, zu halten, helfen dir die Zeichen.

Nachdem du entschieden hast, was du möchtest, kannst du nach Zeichen Ausschau halten. Diese sagen dir, dass das Gewünschte auf dem Weg zu dir ist. Je nachdem was es ist, kannst du dir einen passenden Anker suchen. Beobachte, was um dich herum geschieht und du wirst staunen, denn es gibt noch mehr und andere Zeichen, auf die dein Verstand so gar nicht gekommen wäre.

BEISPIEL

Wenn du dir eine liebevolle Beziehung wünschst, dann beginne, die Zeichen dafür zu sehen: Herzen, verliebte Paare oder Tierpärchen. Freue dich für sie, und sei dankbar dafür, dass sie bereits haben, was du dir ersehnst. Halte Ausschau nach Werbung: Ein Juwelier wirbt für Eheringe, ein Reisebüro für die romantische Traumreise zu zweit. Vielleicht gibt es eine Hochzeit im Freundeskreis. Nimm bewusst wahr,

was du denkst, wenn du etwas über die Liebe hörst, liest oder wenn du glückliche Pärchen siehst. Es kann sein, dass negative Gedanken kommen und du Neid empfindest. Das ist nicht gut, denn Missgunst hält die gewünschte Beziehung von dir fern. Es ist unbedingt erforderlich, dass du positiv denkst und fühlst. Freue dich, als wäre es für dich auch schon wahr. Wenn du ein Paar kennst, das in einer besonders glücklichen Liebesbeziehung lebt, verbringe Zeit mit ihnen. Ignoriere die Paare, die unglücklich wirken oder negative Gedanken in dir auslösen. Konzentriere dich auf das, was du dir wünschst.
Wenn du ein materielles Ziel hast, dann halte Ausschau danach. Achte auf Bilder wie z.B. Werbeplakate. Erkenne diese Hinweise als Zeichen. Achte auf Gespräche in deinem Umfeld. Auf welche Filme wirst du aufmerksam, welche Bücher ziehen dich magisch an?
Wenn du ein berufliches Ziel hast, suche dir auch dafür einen Anker. Verbringe Zeit mit Menschen, die diesen Beruf bereits ausüben. Begib dich ins jeweilige Resonanzfeld, indem du einen Lehrgang besuchst oder einen Probetag in einer entsprechenden Firma vereinbarst.

Beispielgeschichte

Ich hatte meinen ersten Roman geschrieben und auch schon ein paar Manuskripte versendet. Da fiel mir ein Transportauto mit der Aufschrift »Buchbinder« ins Auge. Erst viel später wurde mir klar, dass es sich dabei um ein Auto einer Verleihfirma handelt. Die hatte zwar mit dem Buch an sich nichts zu tun, aber immer, wenn ich solch ein Auto sah, freute ich mich. »Meine Buchveröffentlichung ist in Arbeit. Der richtige Verlag ist auf dem Weg zu mir«, dachte ich mir. Dann bedankte ich mich überschwänglich und freute mich, denn ich sah diese Autos an den unmöglichsten Orten und wurde so immer wieder an mein Vorhaben erinnert.

So kannst auch du dir einen Anker suchen und dich jedes Mal freuen, wenn du ihn siehst. Durch die Freude richtest du den Fokus auf die Dinge, die gut laufen, auf die Erfüllung. Deine Frequenz ist dann eine andere, dein Energielevel höher.

Wenn du in den Urlaub fahren willst, überlege dir wohin. Dann suche dir einen passenden Anker. Das könnte alles Mögliche sein: eine Palme, ein Cocktail oder Sonnencreme. Immer wenn du den Anker siehst, ist es ein Zeichen dafür, dass der perfekte Urlaub auf dem Weg zu dir ist. Das gilt auch, wenn du vielleicht noch gar nicht weißt, wann du Urlaub nehmen kannst oder ob du das Geld dafür haben wirst. Sei dir immer gewiss, dass der Urlaub kommt. Manchmal ergibt er sich auch aus vermeintlichen Zufällen.

Deine Zeichen begegnen dir auf den Wegen, die du gehst. Wenn du in deinem Beruf Menschen oder Tiere heilst, dann können dich die Zeichen in Form von deren Krankheiten erreichen. Wenn du im Wohnungsbau tätig bist, erkennst du die Zeichen an den Gebäuden. Ist am Dach etwas kaputt, dann achte auf deinen Kopf und auf deine Gedanken. Ist im Keller etwas nicht in Ordnung, dann schaue auf dein Unterbewusstsein. Bist du Automechaniker, dann achte darauf, was genau am Auto defekt ist, und was es über dich aussagen kann.

Zeichen erhältst du vor allem über die Dinge, die dich am meisten interessieren und faszinieren. Wenn du ein Tierfan bist, dann konzentriere dich darauf, was die einzelnen Tiere für dich bedeuten. Magst du Blumen? Dann können auch sie dir viel über dich erzählen. So erhält jeder seine Zeichen auf den Wegen, die er geht. Um die Zeichen zu sehen, musst du keine neuen Wege einschlagen. Die Zeichen sind immer da. Du musst dich ihnen nur öffnen.

Die richtige Schwingung bzw. das richtige Energielevel

Wenn du noch nicht glücklich bist, ist das bereits das sichere Zeichen dafür, dass etwas in deinem Leben schief läuft. Es ist ein Zeichen, dich jetzt um dein Glück zu kümmern. Denn die Zeichen zu sehen, erfordert eine Empfangsbereitschaft, die nur gegeben ist, wenn du glücklich bist. Dies ist die wichtigste Vorraussetzung.

Vielleicht kennst du das: Wenn du gut gelaunt bist, dann fliegt dir scheinbar alles zu. Du siehst das Schöne, das Gute, die Sonne und die Blumen. Du siehst überall die Dinge, die dich noch fröhlicher machen. Du bist offen für die Magie der Natur. Du bemerkst die kleinen Wunder um dich herum, an denen du sonst achtlos vorbeigehst. Du siehst Erstaunliches, was du sonst nicht wahrgenommen hast, wie das Glitzern der Sonne auf dem Wasser. Plötzlich hörst du auch die Vögel zwitschern und riechst den Duft der Frühlingsblumen. Alles ist im Fluss, die Welt lächelt dir zu, weil du ihr zulächelst. Du bekommst unerwartet Geschenke oder Komplimente.

Du kannst das Glücklichsein üben, indem du mithilfe der Zeichen dein Glückslevel und dein Energielevel anhebst. Suche Zeichen, die dir sagen, dass bereits sehr viele Dinge in deinem Leben gut laufen, schreibe sie am besten auf. Du wirst bemerken, dass es weitaus mehr Dinge gibt, die gut laufen, als die, die nicht laufen. Selbst wenn du nur durchschnittlich glücklich bist, kannst du dein Glückslevel mithilfe der Zeichen anheben. Deine Freude und deine Begeisterung helfen dir, deine Schwingung zu erhöhen.

Freude zeigt sich, wenn wir das Schöne und das Glück fokussieren.

Was macht dir Spaß, was macht dir Freude? Was tust du gerne in deiner Freizeit? Beobachte dich, und finde es heraus.

Wenn du selbst fröhlicher bist, kannst du auch anderen eher eine Freude machen. Es ist sehr wichtig, dass du deine einzigartigen Talente in die Welt bringst und sie damit bereicherst. Du dienst der Welt. Dienen geht leicht und macht Spaß, weil du damit deiner Freude folgst. Das Dienen wird sich überraschenderweise als Freude, Leichtigkeit, Liebe und Reichtum auf allen Seiten zeigen. Damit dienst du dir selbst und deinem Glück. Wenn du glücklich bist, siehst du auch das Glück in der Welt. Du wirst feststellen, dass alle um dich herum glücklicher werden.

Hast du schon einmal gehört, dass der Baum sich anstrengt, Äpfel zu tragen? Er macht einfach, wozu er da ist. Er wächst und gedeiht, und eines Tages trägt er Äpfel und beschenkt uns damit. Oder hat sich je ein Herz beschwert, dass es schlagen muss? Es schlägt einfach und versorgt unseren Körper mit Sauerstoff. Das geht ganz leicht. Wenn das Herz nicht leicht schlägt, ist das ein Zeichen dafür, dass dem Herzen etwas fehlt. Damit es dem Herzen gut geht, braucht es Liebe. Gib dir zuerst selbst Liebe. Wenn du dich selbst liebst, dann kannst du auch andere Menschen lieben.

ÜBUNG

Wenn du morgens im Badezimmer vor deinen Spiegel trittst, wünsche dir selbst herzlich »Guten Morgen«. Schau dir in die Augen, und sage: »Schön, dass du da bist. Ich liebe dich.« Falls dein Verstand Einwände gegen diese Übung hervorbringt, kannst du auch aufzählen, warum du dich liebst. Das kann alles Mögliche sein:

Ich liebe dich …
… weil du gesund bist.
… weil du eine Familie hast.
… weil du so gut geschlafen hast.
… weil du so schöne Haare hast.
… weil du so schöne Ohren hast.
… weil du so schön laufen kannst.
… weil du so nette Worte für den Nachbarn gefunden hast.
… weil du deinen Job so gut machst.
… weil du die Schule so toll abgeschlossen hast.
… weil du die Wohnung so schön aufgeräumt hast.
… weil du so leckeres Essen gekocht hast.
… weil du die schwierige Situation gestern so gut gemeistert hast.
… weil du so schön mit den Kindern gespielt und ihre Tränen getrocknet hast.
… weil du diesen Vertrag so gut abgeschlossen hast.
… weil du trotz der Rückschläge wieder aufgestanden bist.

Gerade die Kleinigkeiten, die wir jeden Tag machen, übersehen wir oft und schenken ihnen nicht die gebührende Anerkennung. Erst wenn ein Zeichen kommt, das uns umwirft, denken wir über unser Leben nach.

Ab diesem Punkt wird dir wahrscheinlich klar, dass sowieso alles Liebe ist, egal, ob wir etwas als gut oder schlecht empfinden.

Wenn dein Herz nicht leicht schlägt, könnte das aber auch bedeuten, dass in deinem Leben etwas nicht gut funktioniert. Überlege dir, was es ist, und ändere es. Das Problem könnte auch mit deinem Essen zusammenhängen. Gesundes und für dich gutes Essen erkennst du daran, dass es dir körperlich guttut und dir schmeckt. Mit dem für dich richtigen Essen geht es dir rundum gut. Kümmere dich gut um deinen Körper, deine Seele und deinen Geist. Dann hast du die perfekte Vorraussetzung für ein glückliches Leben geschaffen. Du wirst staunen, wie sich das auf dein Umfeld auswirkt.

Dein System macht erst Probleme, wenn du etwas machst, wozu du nicht hergekommen bist, wie z. B. negativen Emotionen nachgeben, ungesund essen oder nicht genug schlafen. Dann siehst du die Zeichen dafür in deinem Umfeld. Wenn wir also mit unserem Körper Dinge machen, für die er nicht da ist, dann funktioniert er nicht richtig.

Genauso verhält es sich auch mit unserem Leben. Wenn wir das machen, wofür wir hergekommen sind, dann macht das Spaß, geht leicht, und wir sind jeden einzelnen Tag glücklich. Die Vorraussetzung für ein neues glückliches Leben ist, dass es dir richtig gut geht. Dafür musst du nur deiner Freude, deiner Leichtigkeit und Schaffenskraft folgen.

Zusammenfassung

Zum Abschluss möchte ich dir noch die wichtigste Botschaft mit auf den Weg geben: Sei lieb zu dir, überfordere dich nicht, und nimm es leicht. Dieses Buch wird seine Wirkung haben, unabhängig davon, ob du aktiv damit arbeitest oder nicht. Deine Wünsche werden sich erfüllen, weil es deine Bestimmung ist. Wenn du sie nicht verwirklichen könntest, hättest du sie nicht. Du hast dir dieses Buch in dein Leben gewünscht, sonst würdest du es nicht in deinen Händen halten. Insofern hast du es aktiv mit erschaffen, ein sehr guter Grund, dich selbst zu beglückwünschen.

Ja, es ist Zeit, dich selbst zu feiern und dich zu loben. Mach es dir leicht, fange mit kleinen, schönen Dingen an, und übersetze sie für dich persönlich. Was bedeutet dir diese Blume, dieses Tier, dieses Plakat, dieses Bild, dieser Buchtitel? An wen oder was erinnert dich dieser Gegenstand, dieser Ton, dieser Duft? Was sagt dir dieser Vogel, woran erinnert er dich? Schau, wie er sich bewegt, wie er pickt oder fliegt. Fliegt er schwerfällig oder elegant? Vielleicht hörst du auch seinen Gesang, sein Gezwitscher? Vielleicht ist er ein Ausdruck von Freiheit. Überlege dir, wie du dich durchs Leben bewegst.

Die Zeichen zu deuten ist dein persönlicher, individueller Weg, den nur du auf deine eigene, einzigartige Weise gehen kannst. Finde heraus, mit welchen Zeichen du dich selbst am besten fühlst. Welche Dinge sind es, die dich am meisten ansprechen, die dich am meisten interessieren? Welche Dinge fallen dir am ehesten ins Auge? Sind es Werbeplakate oder eher Menschen? Bist du ein Mensch, der Geräusche besonders gut wahrnimmt, oder bist du eher der visuelle Typ, der auf Farben reagiert? Die Zeichen zu sehen und zu lesen lernst du, indem du hinausgehst, aber auch wenn du zu Hause bleibst. Sie gelangen auf allen möglichen Wegen zu dir. Sie erreichen dich überall, egal, wo du gehst oder stehst.

Erst wenn du es ausprobierst, wirst du wissen, wie es sich anfühlt. Dann kannst du immer noch entscheiden, ob du diesen Weg gehen willst.

Vielen lieben Dank für deine Aufmerksamkeit und deine Offenheit für diese Möglichkeit, die Welt zu sehen. Ich wünsche dir ganz viel Freude und Leichtigkeit auf deinem Wegen. Fühle dich herzlichst umarmt. Mögen viele schöne leuchtende Zeichen deinen Pfad erhellen und dich zu deinem persönlichen Stern leiten, deinem inneren Licht, das auf dein Leben und das deiner Mitmenschen scheint.

Über die Autorin

Marion Leuschner hatte bereits in ihrer Kindheit eine Leidenschaft fürs Schreiben. 2015 veröffentlichte sie ihren ersten Roman. Am schwärzesten Punkt ihres Lebens lernte sie, sich für die Botschaften des Universums zu öffnen und ihrer inneren Stimme zu vertrauen. Zutiefst bewegt von der neuen Art, die Welt zu sehen, beschloss sie, ihr Wissen weiterzugeben. Nach einer Coachingausbildung sowie diversen Weiterbildungen im spirituellen Bereich hat sie bereits einige Workshops zum Thema »Erfolgreich wünschen« veranstaltet. Ihr Motto: Das Wichtigste ist, zu vertrauen und zu glauben.

Bildnachweis

Bilder von der Bilddatenbank www.shutterstock.com:
Umschlag: #405225046 (© hispan), #311948141(© Anton Watman), #173422517 (© Mila Supinskaya Glashchenko), #92210320 (© mythja), #87120133 (© wenani), #194182115 (© Milosz_G), #388729228 (© Nikiparonak); Schmuckelement auf allen Seiten: Schmetterling & Blüte: #388729228 (©Nikiparonak); Weitere Bilder: S. 6 #173422517 (©Mila Supinskaya Glashchenko), S. 8 #555563581 (©maradon 333), S. 12 #595297424 (©Kotenko Oleksandr), S. 14 #511341409 (©phloxii), S. 16 #171191216 (©Csaba Peterdi), S. 19 #713635852 (©Konstanttin), S. 20 #194182115 (©Milosz_G), S. 22 #132933764 (©Aaron Amat), S. 24 #642053047(©fletchjr), S. 28 #387963481 (©phloxii), S. 30 #417086011 (©Antonio Guillem), S. 33 #646505041 (©Africa Studio), S. 34 #334163336 (©Prasit Rodphan), S. 37 #667219141 (©Anna Andersson Fotografi), S. 38 #285277436 (©g-stockstudio), S. 42 #517237099 (©Tanasan Sungkaew), S. 51 #676356397 (©Warut Chinsai), S.56 #666007198 (©n_defender), S.59 #705654406 (©Peshkova), S. 61 #135052274 (©ESB Professional), S. 65 #582427390 (©Iryna Inshyna), S. 72 #361678730 (©sarsmis), S. 75 #573988897(©Svetlana.Is), S. 78 #526930687(©Stock-Asso), S. 83 #708682576 (©fotosaga), S. 86 #595956365 (©OndroM), S. 92 #695505034 (©siam.pukkato), S. 94 #113729941 (©ESB Professional), S. 100 #656082637 (©Golf Photographer), S. 102 #450844810 (©Evgeny Atamanenko), S. 106 #573034585 (©marina shin), S. 109 #304744727 (©Rido), S. 122 #725244892 (©Dima Sobko), S. 124 #639861148 (©Subbotina Anna), S. 132 #429648973 (©Kotkoa)

Danke für deine REZENSION

– Gemeinsam sind wir mehr –

Liebe Leserin, lieber Leser,
von Herzen danken wir dir, dass du dieses Buch in den Händen hältst und es bis zum Ende gelesen hast. Das bedeutet uns, dem Schirner Verlag und seinen Autoren, sehr viel. Aus voller Überzeugung und mit Hingabe widmen wir uns seit vielen Jahren Themen, die unser aller Lebensqualität und Bewusstwerdung dienlich sind, und hoffen, einen Beitrag für eine lichtvollere Welt leisten zu können. Wenn dir unsere Arbeit gefällt, möchten wir dich bitten, dir einige Minuten Zeit zu nehmen, um dieses Buch zu rezensieren. Warum? Die meisten Menschen lesen Rezensionen, bevor sie ein Buch kaufen, da sie hierdurch einen Eindruck bekommen, ob und wie der Inhalt des Buches den Leser erreicht hat. Eine kurze Rezension ist dabei ebenso hilfreich wie eine lange, sehr ausführliche. Um es auf den Punkt zu bringen:

Eine Rezension ist heutzutage die beste Werbung für ein Autorenwerk!

Wenn du den Schirner Verlag und seine Autoren neben dem Buchkauf auch anderweitig unterstützen willst, dann bitten wir dich: Schreibe für jedes Werk eine Rezension – am besten auf der Seite, wo du es gekauft hast, und zusätzlich beim Schirner Verlag und bei Amazon. Das wäre nicht nur eine Wertschätzung für die Autoren, sondern kann dazu beitragen, dass die Verkaufszahlen steigen und der Schirner Verlag auch in herausfordernden Zeiten Bestand hat.

WIE SCHREIBT MAN EINE REZENSION?

Grundsätzlich sollte eine Rezension aus der eigenen, subjektiven Sicht geschrieben werden, da es sich um eine persönliche Meinung handelt. Du kannst in zwei Sätzen deine Gedanken zu dem Buch äußern oder eine längere Rezension verfassen. Falls du nicht weißt, wie du beginnen sollst, hier ein paar Anregungen:

- War das Buch leicht verständlich geschrieben? Wie hat dir die Sprache gefallen? Wie empfandest du die Aufteilung der verschiedenen Themen?
- War es unterhaltsam? War es deiner Meinung nach mit Herzblut und Liebe geschrieben? Wie hat es auf dich gewirkt?
- Hat es dein Herz berührt? Konntest du dich wiederfinden?
- War es tief greifend genug? Hast du viel Neues gelernt?
- Hat es gehalten, was der Titel und die Buchbeschreibung versprochen haben? Hat es deine Erwartungen erfüllt?
- Was macht das Buch besonders? Warum sticht es heraus im Vergleich zu anderen Büchern, die ein ähnliches Thema behandeln?
- Würdest du das Buch weiterempfehlen oder verschenken?

Dankeschön

lesen, fliegen, landen
Schirner Verlag